Georg Denzler | Clemens Jöckle

DER VATIKAN

GHESIVS·ROMAN

Georg Denzler | Clemens Jöckle

DER VATIKAN

Geschichte und Kunst

NEBEL VERLAG

des Papsttums im Mittelalter, über die Zeit der Krisen und Spaltungen bis in die Neuzeit, als ein Staatswesen, das einen metaphysischen Ordo bewahren wollte und dem es um das »Heil der Menschen« ging, mehr und mehr zum Anachronismus wurde. Erst im 20. Jahrhundert, nach schweren politischen Verwerfungen, nach Revolutionen und Kriegen, nach Konkordaten und innerkirchlichen Reformen, scheint das theologisch-politische Gebilde Vatikan (Vatikanstadt, »Der Heilige Stuhl«) wieder zu einer stabilen Position in der Welt zu finden, ohne Sitz und Stimme zwar in internationalen Gremien und ohne ökonomische, politische oder gar militärische Macht, aber mit moralischem und nicht zu unterschätzendem diplomatischen Einfluss. Das Wesentliche des »Vatikans« besteht aber in etwas anderem, mag dies in der Geschichte noch so sehr verdunkelt worden sein: Sein Sinn, ebenso wie der der Kirche und des Papsttums allgemein, liegt nicht darin, ein besonderes politisches Gebilde unter vielen zu sein, sondern im Gegenteil in der Relativierung der Macht und des weltlichen Erfolgs durch die Repräsentanz eines Höheren. Bei allem äußeren Pomp, bei allem Glanz der Kathedralen und Paläste, bei aller Festlichkeit der Aufzüge und Prozessionen, bei aller Brillanz der Gedanken und der Kunst, die in der Geschichte des Vatikans erreicht wurden: Die Päpste sind Nachkommen eines Fischers, und sie verstehen sich als Stellvertreter eines Zimmermannssohnes, den sie als Sohn Gottes verehren. Hier liegt der Anfang des Christentums, hier ist sein Kern, hier ist der Grund all der Schätze und aller Macht, des Niedergangs, des Versagens und der Glaubwürdigkeit.

Das wird man nicht vergessen dürfen, wenn Clemens Jöckle im zweiten Teil dieses Buches uns durch die Schatzkammer führt, die der Vatikan auch ist. Jöckle tut dies von den zaghaften Anfängen der Petrusverehrung auf dem vatikanischen Hügel vor der Stadt Rom, wo einst Nero eine Rennbahn und einen Zirkus bauen ließ, über die verschiedenen historischen Wendepunkte, die immer auch kunstgeschichtlich bedeutsame Wegmarken waren, über die Glanzzeit der vatikanischen Kunst zwischen dem späten 15. und dem späten 17. Jahrhundert (Raffael, Michelangelo, Bernini) bis in die jüngste Zeit. Geistliches und Weltliches sind hier oft schwer voneinander zu trennen. Und naturgemäß kommt einer, der den Blick auf die Schönheit wirft, bei der Beurteilung einzelner Päpste, etwa des Renaissancepapstes Leo X., zu anderen Ergebnissen als einer, der moralische Maßstäbe anlegt wie Georg Denzler. So entstehen Spannungen innerhalb des Buches, die man als Gegensätze auffassen kann oder auch als perspektivische Ergänzungen. Macht und Schönheit, das sind die zwei Gesichtspunkte dieses Buches, und das sind die zwei nichttheologischen Hauptaspekte, unter denen man die »Hauptstadt« einer Konfession betrachten muss, die es so sehr nach weltlicher Verkörperung und leibhaftiger Präsenz drängt wie die katholische.

Christian Schuler

Radio Vatikan

Vor der Apsis von St. Peter erhebt sich der 1633 von Bernini geschaffene Barockbaldachin über dem Papstaltar.

PRINCIPIS·APOST PAVLVS·V·BVRGHESIVS·ROMANVS·PONT·MAX·AN·MDCXII

I

Der Vatikan in der Geschichte

Blick von der Piazza di S. Pietro auf die Kolonnaden und die Palazzi Vaticani; Photochrom, undat. (um 1900)

01 Annäherungen

»Vatikan«

Wenn von *Vatikan* die Rede ist, denkt man gewöhnlich an den Papst in Rom und an den Apostolischen Palast, der über dem Petersplatz aufragt und neben den päpstlichen Gemächern verschiedene Ämter, an der Spitze das Staatssekretariat, beherbergt.

Geographisch gesehen ist *Vatikan* der Name für einen Hügel, der sich vom rechten Tiberufer zum Tyrrhenischen Meer hin erhebt. Dort befanden sich im 1. Jahrhundert ein Friedhof und ein Zirkus, der die Bevölkerung Roms zur Zeit des Kaisers Nero mit Spielen erfreute nach dem Motto: panem et circenses (Brot und Spiele). An dieser nicht sehr günstigen Stelle ließ Kaiser Konstantin der Große in der ersten Hälfte des 4. Jahrhunderts eine christliche Kirche errichten, weil man allgemein der Meinung war, dass sich dort das Grab des Apostels Petrus befinde. Über der Konstantinsbasilika erhebt sich heute die Basilika St. Peter, die größte Kirche der Welt. Als »Mutterkirche« der Christenheit gilt aber bis heute die Basilika S. Giovanni im Laterano. Unter Vatikan versteht man schließlich das 44 Hektar große Gebiet, das offiziell Vatikanstadt (*Città del Vaticano*) heißt. Papst Leo IV. (847 – 855) ließ dieses Territorium zum Schutz gegen sarazenische Kriegszüge mit der nach ihm benannten Leoninischen Mauer umgeben.

Zum Vatikan gehören seit den Lateranverträgen von 1929 als exterritoriale Gebäude: *Castel Gandolfo* (die Sommerresidenz des Papstes in Albano), *Palazzo S. Ufficio* (Kongregation für die Glaubenslehre), *Palazzo di Propaganda Fide* (Kongregation für die Evangelisierung der Völker), *Palazzo della Cancelleria Apostolica* sowie die Basiliken *S. Giovanni in Laterano, S. Paolo fuori le mura* und *S. Maria Maggiore*.

Die Vatikanstadt zählt heute ungefähr 500 Einwohner. Rund 3600 Arbeiter und Angestellte kommen von außen zur Arbeit. Alle Vatikanbediensteten können in der Annona (Supermarkt) mit Sonderausweis verbilligt einkaufen. Der Vatikan ist der kleinste Staat der Welt mit dem Papst als Staatsoberhaupt. Seine völkerrechtlich kor-

Der Marktplatz Castel Gandolfos mit der Kirche S. Tommaso da Villanova im Hintergrund. Castel Gandolfo beherbergt die Sommerresidenz des Papstes, die von Papst Urban VIII. im 17. Jahrhundert erbaut wurde.

rekte Bezeichnung lautet Heiliger Stuhl (Sancta Sedes). In Wirklichkeit ist der Heilige Stuhl kein Staat, denn er verfügt weder über ein Staatsgebiet noch über ein Staatsvolk noch über die entsprechende Staatsgewalt. Trotzdem wird der Heilige Stuhl von den Staaten der Welt anerkannt wie jeder andere souveräne Staat. Er steht heute mit 177 Ländern in diplomatischer Beziehung; seine Vertreter werden gewöhnlich Apostolische Nuntien tituliert und fungieren in den meisten Ländern als Doyen (Wortführer) des diplomatischen Korps.

»Der erste Papst«

Der jüdische Fischer Simon bar Jona, den Jesus mit dem Beinamen Kephas (griech. Petros – der Fels) ausgezeichnet und damit an die Spitze seiner engsten Gefolgsleute, der Apostel, gestellt hat, gilt heute als der erste Papst der Kirche. Noch die mittelalterlichen Papstkataloge beginnen nicht mit Petrus, sondern mit Linus und Cletus, obwohl keiner von beiden historisch nachweisbar ist. Erst in neuerer Zeit führt Petrus die Liste der Päpste an.

Der erste, um das Jahr 180 verfasste Katalog von Papstnamen stammt von Bischof Irenäus, der sich auf ein Verzeichnis ohne Regierungsdaten von Hegesipp aus der Mitte des 2. Jahrhunderts stützt. Am Anfang dieser Liste stehen Petrus und Paulus nebeneinander. Namen für das 1. Jahrhundert wären ohnedies nur dann zu erwarten, wenn Rom zu dieser Zeit schon einen monarchischen (alleine regierenden) Bischof gehabt hätte; ein solcher ist aber nicht vor Ignatius von Antiochien (gest. ca. 130) bezeugt. Der 1. Clemensbrief, um die Wende zum 2. Jahrhundert in Rom verfasst, jedoch nicht von einem Bischof Clemens, sondern von mehreren Presbytern im Wir-Stil, richtet sich an die ebenfalls von einem Kollegium geleitete Christengemeinde in Korinth. Erst im Päpstlichen Jahrbuch (*Annuario Pontificio*, seit 1860) wird der heilige Petrus aus Bethsaida in Galiläa offiziell unter den *Sommi Pontifici Romani* aufgeführt.

Das dreischiffige Innere von S. Maria Maggiore hat seinen Basilika-Charakter aus dem 4./5. Jahrhundert bewahrt. An den Wänden des Mittelschiffs und am Triumphbogen Mosaike aus jener Zeit. Die Kassettendecke stammt aus dem 16. Jahrhundert.

Das prachtvolle Apsismosaik von S. Maria Maggiore ist das Werk Jacopo Torritis (1295) und zeigt eine Marienkrönung.

Petersdom 1
Sixtinische Kapelle 2
Petersplatz 3
Palazzo del Sant'Ufficio 4
Päpstliche Audienzhalle 5
Campo Santo Teutonico 6
Sakristei und Schatzkammer 7
Hospiz Santa Marta 8
Palazzo dell'Arciprete 9
Gerichtspalast 10
Kirche S. Stefano degli Abissini 11
Palazzo del Governatorato 12
Bahnhof 13
Äthiopisches Priesterseminar 14
Johannesturm 15
Radio Vatikan (Direktion) 16
Päpstl. Akad. d. Wissenschaften 17
Fragment der Berliner Mauer 18
Vatikanische Museen 19
Cortile della Pigna 20
Cortile del Belvedere 21
Osservatore Romano 22
Kirche S. Anna 23
Kaserne der Schweizergarde 24
Apostolischer Palast 25

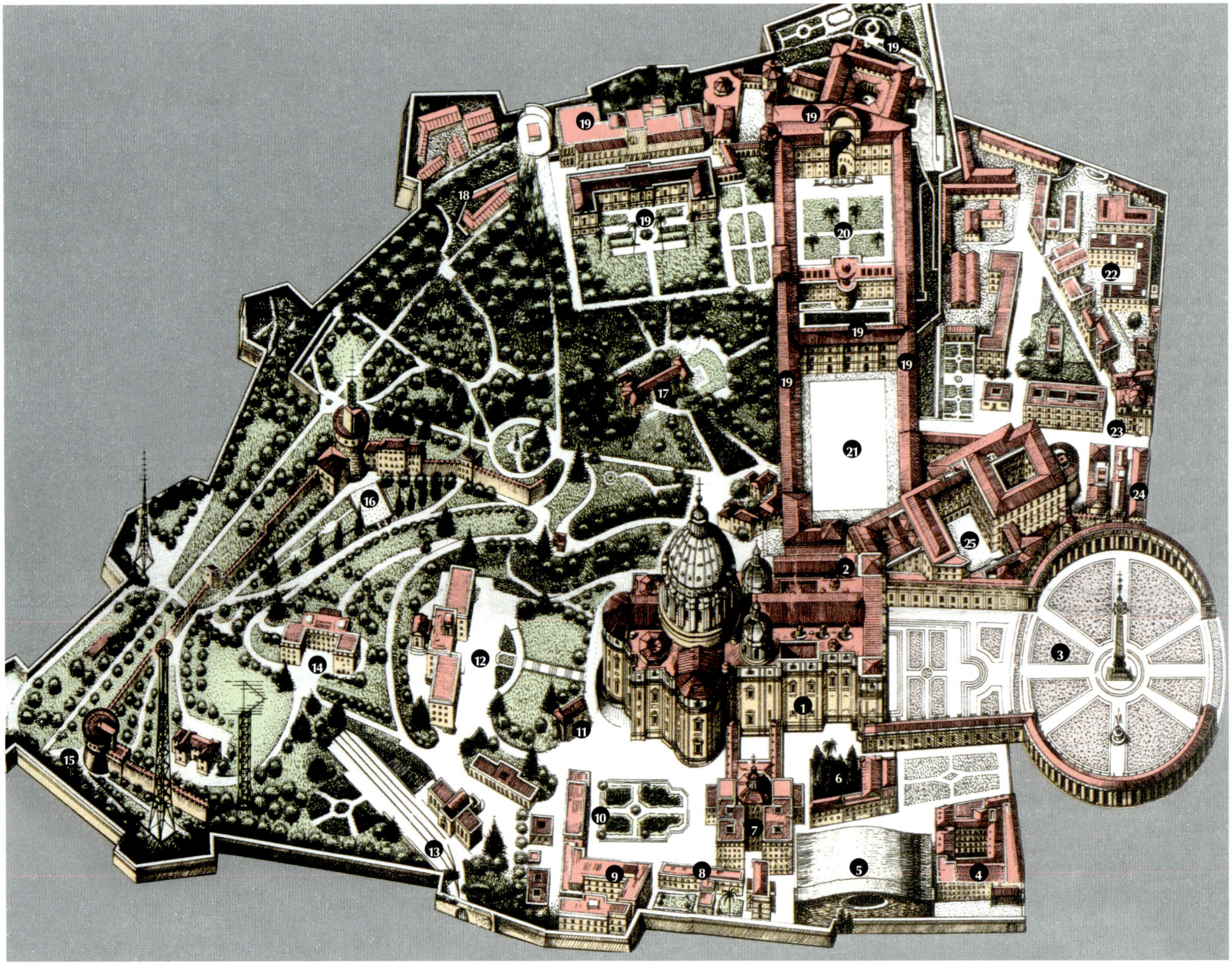

Erstaunlich ist vor allem die Begründung, dass Petrus von Jesus Christus »die höchste päpstliche Gewalt erhielt, um sie seinem Nachfolger zu übertragen«. Und geradezu unglaublich liest sich die unmittelbar folgende Behauptung: »Er residierte zuerst in Antiochien und dann 25 Jahre hindurch in Rom.«

Es ist sehr wahrscheinlich, dass Petrus, der erste Jünger Jesu, nach Rom kam und dort um das Jahr 67 den Tod eines Märtyrers erleiden musste, obwohl es dafür keine biblischen, sondern nur spätere historische Zeugnisse gibt. Aus dem 2. Jahrhundert stammen spärliche Berichte von der Gründung einer Christengemeinde in Rom durch Petrus und Paulus. Doch von einem Anspruch auf einen Vorrang der römischen Gemeinde auf Grund der berühmten Verheißung Jesu an Petrus (Mt 16, 18 f) haben wir keine Zeugnisse vor der Mitte des 3. Jahrhunderts. Das heißt, »dass es für die Frühzeit über eine Dauer von mehr als 200 Jahren im Bewusstsein der Kirche keine biblische Vorlage für einen Sonderstatus des römischen Bischofs gab« (Norbert Brox).

Als sicher ist anzunehmen, dass schon vor der Ankunft des Petrus in Rom kleine Christengemeinden bestanden, die jeweils von mehreren Priestern geleitet wurden, und erst gegen Ende des 2. Jahrhunderts ein einziger Priester zum Bischof (episcopus) der Gemeinde bestellt wurde. Über den Aufenthaltsort dieser ersten Bischöfe wissen wir nichts.

Kathedra des Bischofs von Rom in der Basilika S. Giovanni in Laterano, der »Mutter aller Kirchen der Stadt und des Erdkreises«.

Das Petrusamt

Bei der Frage nach den Grundlagen des Petrus- oder Papstamtes bleiben wir auf eine einzige Szene im Neuen Testament angewiesen. Matthäus berichtet in seinem um das Jahr 80 verfassten Evangelium von einer weit reichenden Verheißung Jesu an Petrus. Auf Jesu Fragen »Für wen halten die Leute den Menschensohn?« und »Für wen haltet ihr mich?« bekennt Petrus auch im Namen der übrigen Jünger: »Du bist der Messias, der Sohn des lebendigen Gottes.« Jesus antwortet ihm: »Selig bist du, Simon bar Jona, denn nicht Fleisch und Blut haben dir das offenbart, sondern mein Vater im Himmel.« Unmittelbar darauf folgt die Verheißung: *»Ich aber sage dir: Du bist Petrus, und auf diesen Felsen werde ich meine Kirche bauen, und die Mächte der Unterwelt werden sie nicht überwältigen. Ich werde dir die Schlüssel des Himmelreichs geben; was du auf Erden binden wirst, das wird auch im Himmel gebunden sein, und was du auf Erden lösen wirst, das wird auch im Himmel gelöst sein«* (Mt 16, 13-19).

Diese gewichtigen Worte, deren Echtheit manche Bibel-exegeten anzweifeln, machen Petrus zum Bürgen und Garanten des Evangeliums. Er ist der Erstberufene, der erste Jünger Jesu und somit der Anfang der Kirche. Ihm werden »die Schlüssel des Himmelreichs« anvertraut. Damit erhält er Vollmacht über die Himmelsherrschaft auf Erden.

»Die Petrusverheißung ist die einzige Stelle im Evangelium, wo Kirche und Himmelsherrschaft (Basileia) nebeneinanderstehen« (Joachim Gnilka). Auf das Matthäuszitat beriefen sich die römischen Bischöfe erst in der Spätantike bei Konflikten mit einzelnen Patriarchen von Antiochien, Alexandrien, Jerusalem und Konstantinopel, die den Bischof von Rom als Patriarchen des Abendlandes zwar als gleichrangigen Kollegen gelten ließen, ihm aber jeden Anspruch auf die höchste Jurisdiktionsgewalt über die gesamte Kirche streitig machten. Entscheidend für die Regierung der einzelnen Kirchen im Osten blieb stets das synodale Prinzip, wie auch die Ökumenischen Konzilien des 1. Jahrtausends eindeutig beweisen. Innerhalb der lateinisch-abendländischen Kirche jedoch nahm der Bischof von Rom frühestens im 4. Jahrhundert eine Vorrangstellung ein.

Die Verfassung der Kirche, wie sie sich im Laufe von Jahrhunderten herausbildete, versieht man heute schnell mit dem Prädikat »göttlich«, um sie unabänderlich erscheinen zu lassen. Neutestamentliche Forschungen zei-gen hingegen, dass die erst später entstandenen Strukturen der Kirche nicht auf einen mehr oder minder deutlichen Stiftungsakt des historischen Jesus zurückgeführt werden können.

Die Cathedra Petri

Kathedra bezeichnet dem griechischen Wort nach den Sitz des Bischofs in der Mutterkirche seiner Diözese, die deshalb auch Kathedrale genannt wird. Die Kathedra gilt als Sinnbild für die Autorität des Bischofs, speziell für sein Lehramt.

Antiochien in Syrien, nach Rom und Alexandrien damals die drittwichtigste Stadt des Imperium Romanum, war der erste Hauptsitz des Apostels Petrus. Weil Petrus aber später nach Rom kam und dort das Martyrium erlitt, wurde der römische Bischofssitz zur Cathedra Petri und seiner Nachfolger. In der Apsis der Basilika St. Peter befindet sich als Meisterwerk von Gian Lorenzo Bernini (1598 – 1680) ein bronzener Thron, in dessen Innerem man fälschlicherweise die Kathedra des Apostels Petrus vermutet. Diese hölzerne Kathedra stammt sicher nicht aus der Zeit des Apostels, sondern wahrscheinlich aus dem 8. Jahrhundert.

Antike Grabplatte der beiden Apostelfürsten, die in Rom in die Verfolgung Kaiser Neros gerieten und hingerichtet wurden.

Päpstliche Titel

Die römischen Kaiser trugen bis Theodosius I. (379 – 395) den Titel *Pontifex Maximus*. Im Zug einer allgemeinen Antikisierung nahmen auch die Päpste diesen altrömischen Cäsarentitel an, jedoch frühestens im 15. Jahrhundert. In frühchristlicher Zeit titulierte man den Bischof als *papa* oder *pontifex*. Erst Papst Gregor VII. (1073 – 1085) verfügte in seinem berühmten *Dictatus papae*, dass nur der Bischof von Rom sich *papa universalis* nennen dürfe. Das Päpstliche Jahrbuch schreibt dem Papst bis heute eine Vielzahl von Titeln zu: Bischof von Rom, Statthalter Jesu Christi, Nachfolger des Apostelfürsten, Summus Pontifex der gesamten Kirche, Patriarch des Abendlandes, Primas von Italien, Erzbischof und Metropolit der römischen Kirchenprovinz, Souverän des Staates der Vatikanstadt. Benedikt XVI. verzichtete erst kürzlich auf den alten Papsttitel Patriarch des Abendlandes. Die heute gebräuchlichste Anrede des Papstes ist Heiliger Vater. Dieser Titel bringt nicht die persönliche Heiligkeit des Papstes zum Ausdruck, sondern weist auf sein höchstes Amt in der Kirche hin.

Die Papstwahl

Am Anfang wählten Klerus und Volk der Stadt Rom den neuen Bischof meist aus dem Kreis der Diakone. Das Bestätigungsrecht der christlichen Kaiser ging im 7. Jahrhundert auf die Herrscher im Frankenreich über. Im Frühmittelalter besetzte der stadtrömische Adel den römischen Bischofsstuhl häufig mit einem Kandidaten aus seinen Reihen, wie dies später auch ottonische und salische Kaiser zu tun pflegten. Die Vorstellung, dass die Besetzung kirchlicher Ämter durch freie Wahl erfolgen sollte, entstand in den Reformklöstern, zuerst in der 910 gegründeten Abtei Cluny in Burgund.

So wurde die freie Abtswahl zum Vorbild für die Wahl der Bischöfe und Päpste. Eine völlig neue Tradition schuf Papst Nikolaus II. im Jahr 1059 mit dem Papstwahldekret, das nur noch die Kardinalbischöfe zur Wahl eines Papstes berechtigte. 1130 wählte das Kollegium der Kardinäle, bestehend aus Bischöfen, Priestern und Diakonen, zum ersten Mal allein den neuen Papst.

Papst Alexander III. dekretierte 1179, dass zur gültigen Wahl eines Kandidaten zwei Drittel aller Stimmen

Das Konklave von 1878, aus dem Leo XIII. als neuer Papst hervorging.

Die Confessio in der Basilika S. Giovanni in Laterano.

erforderlich seien. Beim Konzil von Lyon (1275) publizierte Papst Gregor X. die Konstitution *Ubi periculum* über das Konklave und die Papstwahl. Fortan musste die Wahl eines Papstes in völliger Abgeschlossenheit (*Konklave*) von der Außenwelt erfolgen, wie es schon einmal nach dem Tod Gregors IX. (1241) geschehen war. Sixtus V. (1585 – 1590) erhöhte die Zahl der Kardinäle auf 70, was erst unter Johannes XXIII. (1958 – 1963) übertroffen wurde, der ihre Anzahl auf 120 erhöhte. Pius X. (1903 – 1914) erklärte jede Einmischung einer weltlichen Macht in die Papstwahl mittels eines Exklusivrechts (*ius exclusivae*) für unzulässig. Von diesem hatte zuletzt Kaiser Franz Joseph gegen Kardinal-Staatssekretär Rampolla del Tindaro Gebrauch gemacht und so die Wahl Pius'X. ermöglicht. Pius XII. (1939 – 1958) begann mit der Internationalisierung des Kardinalskollegiums. Paul VI. (1963 – 1978) bestimmte, dass jeder Kardinal mit Vollendung des 80. Lebensjahres das Recht der Papstwahl verliert. Johannes Paul II. traf 1996 eine wichtige Neuregelung: Wenn bei einer Papstwahl die erforderliche Zwei-Drittel-Mehrheit nach 33 Abstimmungen nicht erreicht ist, kann das Gremium festlegen, dass fortan die absolute Mehrheit der Stimmen genügt oder eine Stichwahl zwischen den Kandidaten mit den höchsten Stimmzahlen durchgeführt wird.

Die Tiara

Die dreifache Papstkrone, die Tiara, entwickelte sich aus der seit dem 11. Jahrhundert bekannten Mitra des Bischofs, die im 13. Jahrhundert zwei Hörner (*cornua*) als Symbol für das Alte und Neue Testament erhielt. Erst im 14. Jahrhundert wurden der Bischofsmitra des Papstes drei Kronreife (*Triregnum*) hinzugefügt, deren Bedeutung bis heute umstritten ist. Da die päpstliche Tiara nur außerhalb der Liturgie Verwendung fand, konnte sie zu keiner Zeit als Symbol für das dreifache priesterliche Amt (Priester, Hirt und Lehrer) verstanden worden sein. Seit Papst Paul VI. im Jahr 1964 die Tiara auf dem Altar der *Confessio* in St. Peter niedergelegt hat, um sie zu Gunsten der Armen zu veräußern, fand keine Krönung eines Papstes mehr statt.

Erst der weiße Rauch verkündet das Ende des Konklaves durch die Wahl eines neuen Papstes.

Papst Johannes XXIII. war der letzte Papst, der die Tiara noch trug.

um für frühchristliche Kunst und Pius XI. 1926 das missionarisch-volkskundliche Museum. Paul VI. ließ in der Pinakothek eine Sammlung moderner religiöser Kunst einrichten.

Päpstliche Akademien

Päpstliche Akademien entstanden vereinzelt schon im 15. Jahrhundert. Ihre Blüte hinsichtlich ihrer Größe und ihres Einflusses erlebten sie erst im 18. Jahrhundert als Reaktion auf weltliche wissenschaftliche Vereinigungen, die sich von Kirche und Christentum immer weiter dis-tanzierten. Von den heute elf päpstlichen Akademien seien drei besonders hervorgehoben: Die 1603 gegründete *Linceorum Accademia* wurde 1847 von Pius IX. restauriert, 1887 von Leo XIII. erweitert und 1936 von Pius XI. durch neue Statuten internationalisiert und interkonfessionalisiert. Heute genießt sie als *Pontificia Accademia delle Scienze* höchstes Ansehen in der Welt.

Die 1701 von Clemens XI. gegründete *Accademia dei Nobili Ecclesiastici* dient als *Pontificia Accademia Ecclesiastica* zur Ausbildung des diplomatischen Nachwuchses des Vatikans.

Die 1740 von Benedikt XIV. errichtete *Pontificia Accademia Romana di Archeologia* mit Sitz im *Palazzo della Cancelleria* hat seit 2003 in Letizia Pani Ermini erstmals eine Frau als Präsidentin.

Sixtus IV. ernennt den humanistischen Gelehrten Platina zum Präfekten der Vatikanischen Bibliothek, 1476/77. Von Melozzo da Forli.

Die Römische Kurie

02

Blick von der Kuppel des Petersdoms im Vatikanstaat auf die Vatikanischen Gärten mit dem Gouverneurspalast, dem Palazzo del Governatorato.

Entstehung, Zusammensetzung, Aufgaben

Die engsten Mitarbeiter des Bischofs von Rom waren in den ersten Jahrhunderten die römischen Regionaldiakone. Zu ihnen gesellten sich dann die Priester der römischen Titelkirchen und die Bischöfe der sieben Rom umgebenden Bistümer. Sie bildeten spätestens im 11. Jahrhundert das Kollegium der Kardinäle, nach Weihestufen unterschieden als Kardinaldiakone, Kardinalpriester und Kardinalbischöfe.

Die wöchentlich mehrmals erfolgende Zusammenkunft des Papstes mit den in oder außerhalb von Rom lebenden Kardinälen, heute noch Konsistorium genannt, diente zur Beratung und Beschlussfassung über dringende Probleme der Kirche. Diese Vollversammlungen verloren erst mit der Gründung der Kongregationen unter Papst Sixtus V. (1585 – 1590) stark an Bedeutung.

Unter Papst Urban II. (1088 – 1099) wurde *Curia* zur üblichen Bezeichnung für die päpstliche Zentralverwaltung, die vom 12. Jahrhundert an drei Bereiche umfasste: die Kanzlei, die Kapelle und vier Hofämter (Kämmerer, Marschall, Truchsess und Mundschenk). Als älteste Behörde gilt die Päpstliche Kanzlei, deren Leiter im 12. Jahrhundert den Amtstitel *Cancellarius* erhielt und meistens im Rang eines Kardinals stand. Paul VI. übertrug die Aufgaben der Kanzlei 1973 dem Staatssekretariat.

Die 1542 errichtete *Congregatio S. Inquisitionis,* von Pius X. 1906 in *S. Officium* umbenannt, heißt seit 1965 *Congregatio pro doctrina fidei* (Kongregation für die Glaubenslehre) und gilt nicht mehr als die höchste, obwohl sie, sachlich gesehen, die wichtigste Kongregation ist. Wegen oft fragwürdiger Lehrverfahren gegen angesehene Theologen steht sie bis heute in schlechtem Ruf.

Nicht weniger gefürchtet war die 1571 gegründete Kongregation für den Index, deren Aufgabe es war, das gesamte Schrifttum auf Rechtgläubigkeit hin zu überwachen. Papst Benedikt XV. hob die Index-Kongregation 1917 auf und übertrug ihr Aufgabengebiet dem *S. Officium.* Der römische Index, das Verzeichnis aller für

Katholiken verbotenen Bücher und Schriften, erschien 1557 zum ersten Mal und 1948 mit ca. 6000 Titeln zum letzten Mal. Gesetzliche Bücherverbote der Kirche gibt es seit 1966 nicht mehr. Ungeachtet dessen besteht weiterhin die moralische Verpflichtung, schädliche Lektüren zu vermeiden.

Papst Sixtus V. (1585 – 1590) gab der Römischen Kurie mit der Gründung von 15 Kongregationen, im weltlichen Bereich Ministerien vergleichbar, eine völlig neue Organisation. Allein sechs dieser Kongregationen standen im Dienst der Verwaltung und Regierung des Kirchenstaates. Die Kurie erhielt damit die Form, die sie im Großen und Ganzen bis in unsere Zeit behalten sollte. Erst Papst Paul VI. (1963 – 1978), der als Giovanni Montini jahrzehntelang in der Kurie auf verschiedenen Posten tätig gewesen war, setzte mit der Konstitution *Regimini Ecclesiae universae* (1967) eine fast revolutionär zu nennende Reform in Gang mit dem Ziel, die riesige Institution wirksamer und funktionsfähiger zu machen, ohne »die alten Formen und Normen« preiszugeben. Zu den Besonderheiten dieser Kurienreform gehören eine stärkere Internationalisierung der Mitarbeiter, eine zeitliche Begrenzung der Amtsdauer auf fünf Jahre, eine engere Verbindung der Kurie mit den Bistümern und gemeinsame Zusammenkünfte der Präfekten der einzelnen Kongregationen unter dem Vorsitz des Kardinalstaatssekretärs.

20 Jahre später führte Papst Johannes Paul II. die Reform der Kurie mit der Konstitution *Pastor bonus* (1988) weiter. Sinn und Zweck der Römischen Kurie werden darin mit folgenden Worten beschrieben: »Die Römische Kurie ist das Gesamt der Dikasterien und Organe, die den römischen Pontifex in der Ausübung seines höchsten Hirtenamtes zum Wohle und im Dienst der Universalkirchen und der Ortskirchen unterstützen – ein Dienst, durch den die Einheit des Glaubens und die Communio des Gottesvolkes gestärkt wird und der die der Kirche eigene Mission in der Welt fördert.«

Die Römische Kurie stellt sich heute als ein riesiger Behördenapparat dar. An der Spitze steht der Papst, ihm zur Seite die Kardinäle, die, auch wenn sie als regierende

Tagung der Römischen Kurie unter Vorsitz des Papstes.

Bischöfe auswärts residieren, ordentliche Mitglieder der päpstlichen Kurie sind. Zur Kurie gehören ferner die Vertreter des Heiligen Stuhls bei den Staaten und bei internationalen Organisationen.

Neben dem Staatssekretariat als der obersten Behörde umfasst die Römische Kurie neun Kongregationen, denen der Hauptanteil an der Verwaltung der katholischen Weltkirche zukommt:

- Kongregation für die Glaubenslehre
- Kongregation für die orientalischen Kirchen
- Kongregation für den Gottesdienst und die Sakramente
- Kongregation für die Selig- und Heiligsprechungen
- Kongregation für die Bischöfe
- Kongregation für den Klerus
- Kongregation für die Evangelisierung der Völker
- Kongregation für die Institute des gottgeweihten Lebens und die Gemeinschaften des apostolischen Lebens
- Kongregation für das katholische Bildungswesen

An der Spitze jeder Kongregation steht der Präfekt, meist im Rang eines Kardinals.

Die Römische Kurie verfügt über drei Gerichtshöfe. Die bereits im 13. Jahrhundert entstandene *Signatura iustitiae* (Signatur der Gerechtigkeit) behandelte Gnadengesuche (Suppliken) und entschied Rechtsstreitigkeiten in letzter Instanz. Sie stellte bis zum Untergang des Kirchenstaates 1870 das oberste Gericht der Römischen Kurie dar. Die ebenfalls im Hochmittelalter gegründete *Apostolische Poenitentiarie* ist für das Bußwesen (innerhalb wie außerhalb der Beichte) und Gewissensfragen zuständig. Jeder Gläubige kann sich direkt an diesen Gerichtshof wenden. Die *Rota Romana* als das ordentliche Gericht des Papstes entscheidet vor allem bei Berufungen in Eheprozessen.

Zur Römischen Kurie gehören zahlreiche Ämter, Räte, Kommissionen und Komitees, zum Beispiel der Chor von St. Peter, die Vatikanische Bibliothek, das Vatikanische Geheimarchiv, der Verlag *Libreria Editrice Vaticana,* die Zeitung *L'Osservatore Romano* sowie die

Der Papstpalast in Avignon aus dem 14. Jahrhundert war von 1309 bis 1376 päpstliche Residenz.

Radio- und die Fernsehstation.

Neueren Datums sind die elf Päpstlichen Räte, unter anderem für die Laien, für die Förderung der Einheit der Christen, für die Familie, für Gerechtigkeit und Frieden, für die Interpretation der Gesetze, für den Dialog zwischen den Religionen, für die Kultur und für soziale Kommunikation.

Besondere Betrachtung verdient das Päpstliche Staatssekretariat, weil es nach der umfassenden Kurienreform durch Papst Paul VI. im Jahr 1967 als die zentrale Oberbehörde der Römischen Kurie gilt. Aus dem einstigen Sekretär oder Geheimsekretär des Papstes wurde unter Papst Innozenz X. im Jahr 1644 der Staatssekretär, der Mitglied des Kardinalskollegiums ist und deswegen auch Kardinalstaatssekretär genannt wird. Das Amt des Kardinalnepoten, dem neben familiären Angelegenheiten vornehmlich politische Geschäfte oblagen, wurde 1692 abgeschafft.

Das Staatssekretariat umfasst heute zwei Abteilungen: die Sektion I für die allgemeinen Angelegenheiten, geleitet von dem Substituten mit einem Assessor, und die Sektion II für die Beziehungen zu den Staaten, geleitet von einem Sekretär mit einem Subsekretär. Während man Erstere als die Staatskanzlei des Papstes bezeichnen könnte, ist Letztere das Außenamt.

An der Wiederherstellung der zwei Sektionen ersieht man die Vorrangstellung des Staatssekretariats und zugleich die Spezifizierung seiner Aufgabenbereiche. Seit dem Zweiten Vatikanischen Konzil ist zwar von Kollegialität auf allen Ebenen der Kirche viel die Rede, doch nirgends vermisst man ihre praktische Verwirklichung mehr als in der Römischen Kurie, was sich mit den im Laufe von Jahrhunderten entstandenen Organisationsstrukturen

Das Fresko aus der Abteikirche Chiaravalle Milanese von Giovanni Battista della Rovere und Giovanni Mauro Rovere »Lebensbaum der Zisterzienser« zeigt im Ausschnitt Bischöfe u. Kardinäle.

erklären lässt. Deshalb gilt noch immer, was der Politikwissenschaftler Hans Maier konstatierte: »Es scheint, dass im kirchlichen Institutionengefüge die Instrumente systematischer Koordinierung fehlen. Die Kirchenregierung kennt zwei wesentliche Elemente modernen Regierens nicht oder kaum: ein regelmäßig tagendes Kabinett und eine von allen ›Ministern‹ (in diesem Fall: Präfekten und Präsidenten) getragene kollegiale Gesamtverantwortung. So bleiben nur das konsequent durchgeformte Ressortprinzip auf der einen, die ›Richtlinienkompetenz‹ des Papstes auf der anderen Seite. Dazwischen fehlt ein Instrumentarium für die pragmatische Anwendung von Prinzipien, für das abgestimmte Vorgehen der Ressorts, für das geschmeidige, die Umstände berücksichtigende Reagieren auf neue Lagen und unerwartete Entwicklungen.«

Mit der von Johannes Paul II. im Jahr 2000 angeordneten Kurienreform wurde einerseits die Stellung des Staatssekretariats aufgewertet, andererseits blieben aber auch die Vollmachten der einzelnen Kongregationen bestehen. Eine Koordinierungsinstanz über diesen beiden Institutionen gibt es bis heute nicht und ist auch nicht vorgesehen. Mit der Bischofssynode schuf Papst Paul VI. 1967 auf Anregung des Zweiten Vatikanischen Konzils eine ganz neuartige Einrichtung.

Aber obgleich diese aus ungefähr 250 Delegierten aller Bischofskonferenzen besteht, dient sie dem Papst lediglich als Beratungsorgan. Ob der vom Ersten Vatikanischen Konzil definierte Jurisdiktionsprimat des Papstes verhindert, dass dieses »Sprachrohr« des Weltepiskopats beschließende Kompetenz erhält? Jedenfalls werden echt kollegiale Regierungsstrukturen, mit denen die Kirche manchen Problemen besser gerecht werden könnte, sehr vermisst.

Das Avignoner Exil und das abendländische Schisma

Unter dem Einfluss der französischen Krone verlegte Papst Clemens V., nachdem er sich in Lyon hatte inthronisieren lassen, 1309 seinen Amtssitz nach Avignon. Das Papsttum wurde fortan zum Spielball französischer Interessen. Clemens V. eröffnete auf politischen Druck den Prozess gegen seinen Vorgänger Bonifaz VIII. und bot König Philipp dem Schönen die Hand bei der Zerschlagung des angesehenen und reichen Templerordens. Einer seiner Nachfolger, Johannes XXII. (1316–1334), stellte sich gegen den römisch-deutschen Kaiser Ludwig den Bayern und erklärte ihn für abgesetzt.

Der Unmut des Kaisers richtete sich fortan nicht nur gegen Johannes XXII., sondern gegen das Papsttum im Allgemeinen. Er scharte Gelehrte wie zum Beispiel Marsilius von Padua und William Ockham um sich, die den Primat des Papstes und die hierarchische Struktur der Kirche grundsätzlich in Frage stellten. Das höchste Organ der Kirche war nach ihrer Auffassung das Konzil als Repräsentant des gesamten Kirchenvolkes, dessen Beschlüssen sich auch der Papst zu unterwerfen habe (Konziliarismus). Erst Gregor XI. kehrte 1377 aus Avignon nach Rom zurück, wo er kurz darauf starb. Unter chaotischen Umständen kam es nun zu einer Doppelwahl. Zunächst wählte das französisch dominierte Kardinalskollegium unter massivem römischen Druck Urban VI., wenig später machten die französischen Kardinäle Clemens VII. zum Kirchenoberhaupt.

Die Kirche hatte in der Folgezeit zwei, seit 1409 (Konzil von Pisa) sogar drei Päpste. Das vom deutschen König Siegmund 1414 einberufene Konstanzer Konzil setzte alle drei Päpste ab und wählte 1417 Martin V. zum Papst. Damit war die Spaltung überwunden.

03 Das Licht des Glaubens und die dunklen Zeiten der Kirche

In Nicäa, dem heutigen Iznik (Türkei), fand 325 das Erste Ökumenische Konzil der Christenheit statt. Es beendete den Streit um die Gottheit Christi und schuf das »Nicänische Glaubensbekenntnis«. Das Fresko in der Vatikanischen Bibliothek entstand um 1600.

Häretische Päpste, Saeculum Obscurum, Renaissancepapsttum

Die Päpste, die sich gern als Nachfolger des Apostels Petrus bezeichnen, haben im Grunde nur diesen Auftrag: die Botschaft des Jesus von Nazareth zu verkündigen, wie sie in den Schriften des Neuen Testaments überliefert ist. Weil aber der Jude Jesus mit seiner Lehre tief im Alten Testament verwurzelt ist, gehören auch die Schriften des Alten Bundes zum Ganzen des christlichen Glaubens.

Bevor etwas über die Verbindlichkeit der Jesus-Botschaft gesagt werden kann, muss klar sein, wer dieser Jesus selbst war. Die 27 verschiedenen Schriften des Neuen Testaments ermöglichen kein einheitliches Bild. Deswegen kursierten in den ersten Jahrhunderten unterschiedliche Anschauungen über die Person und die Lehre Jesu. Das Apostolische Glaubensbekenntnis stammt nicht von den Aposteln selbst; es ging aus dem altrömischen Taufbekenntnis hervor und will den Glauben der Apostel authentisch wiedergeben.

Die junge Kirche sah sich von gnostischen Bewegungen, welche die biblische Offenbarung mit philosophischen Kategorien interpretierten, schon frühzeitig herausgefordert, das Wesen des christlichen Glaubens genauer zu definieren. Synodendekrete und theologische Traktate sollten in wesentlichen Streitfragen Klarheit schaffen. Als die Diskussionen über die Bedeutung Jesu für den Glauben durch den alexandrinischen Presbyter Arius einen neuen Höhepunkt erreichten, berief Kaiser Konstantin der Große im Jahr 325 eine allgemeine Bischofsversammlung nach Nicäa (bei Konstantinopel), wo sich seine Sommerresidenz befand. An diesem Ersten Ökumenischen Konzil nahmen 318 Bischöfe aus mehreren Ländern teil, darunter drei Gesandte des römischen

Die Hagia-Sophia-Kirche im türkischen Iznik, dem antiken Nicäa, gehört zu den bedeutendsten Stätten christlicher Geschichte. Hier wurde bei einem Konzil im 8. Jahrhundert die Bilderverehrung in der östlichen Kirche wieder zugelassen.

Bischofs Silvester. Das von den Konzilsvätern verabschiedete Grunddogma der Kirche lautet: »Wir glauben an einen Gott, den allmächtigen Vater, Schöpfer aller sichtbaren und unsichtbaren Dinge, und an einen Herrn Jesus Christus, den Sohn Gottes, den einzigen, vom Vater gezeugt, das heißt aus der Substanz des Vaters, Gott von Gott, Licht vom Licht, wahrer Gott vom wahren Gott, gezeugt, nicht geschaffen, wesenseins (homoousios) mit dem Vater.« Mit dieser offiziellen Definition war der Streit aber noch lange nicht beendet. Verwirrend musste wirken, dass Kaiser Konstantin I., der Große, der zu dieser Zeit sicher noch kein Christ war, den exkommunizierten und verbannten Arius rehabilitierte, weil selbst einige Bischöfe, angeführt von Eusebius von Nikomedien, den Glauben des verurteilten Presbyters für orthodox hielten. Vermutlich wäre Arius sogar wieder in die Gemeinschaft der Kirche aufgenommen worden, wenn ihn nicht ein plötzlicher Tod ereilt hätte. Bischof Athanasius von Alexandrien, der Anführer der Orthodoxen, musste nach Trier in die Verbannung und konnte erst nach Jahren triumphierend auf den Bischofsstuhl in Alexandrien zurückkehren. Bezeichnend für die verworrene Lage ist ein Wort des Kirchenvaters Hieronymus: »Der Erdkreis seufzte auf und bemerkte mit Verwunderung, dass er arianisch geworden war.«

Das nächste Ökumenische Konzil von Konstantinopel (381) bekräftigte das nicänische Credo und erweiterte es um eine Aussage über die Gottheit des Heiligen Geistes, »des Herrn und Lebendigmachers, der vom Vater ausgeht, der mit dem Vater und dem Sohn in gleicher Weise angebetet und verherrlicht wird, der durch die Propheten gesprochen hat«. Dieses nicänisch-konstantinopolitanische Glaubensbekenntnis wird noch heute in der Ost- wie in der Westkirche bei der Eucharistiefeier gebetet.

Eine weitere Präzisierung in der Christologie brachte das Ökumenische Konzil von Chalkedon (451), einberufen von Kaiser Markian, um Einheit und Frieden im Reich aufrechtzuerhalten. Papst Leo I., der nicht persönlich anwesend war, sondern sich durch drei Legaten vertreten ließ, hatte der Versammlung der Bischöfe eine entscheidende Formel vorgelegt, die nach heftigen Auseinandersetzungen die Billigung des Konzils fand: »Wir bekennen einen und denselben Sohn, unseren Herrn Jesus Christus; derselbe ist vollkommen der Gottheit nach und vollkommen der Menschheit nach; derselbe ist wahrer Gott und wahrer Mensch (…) geboren aus der Jungfrau Maria, der Gottesgebärerin (theotokos), seiner Menschheit nach. Er ist in zwei Naturen unvermischt und unverwandelt, ungeteilt und ungetrennt.«

Der Ausschnitt mit dem Kopf des heiligen Athanasius stammt aus dem Bild »Maria mit Kind und der Dreifaltigkeit, Erzengeln und Heiligen«, das Luca Signorelli um 1505 gemalt hat.

Die acht Ökumenischen Konzilien des ersten Jahrtausends, deren Glaubensaussagen bis heute das Fundament aller christlichen Kirchen bilden, waren in der Hauptsache christologisch orientiert.

Im Zentrum des christlichen Glaubens steht demnach nicht eine Idee oder eine Lehre, sondern Jesus Christus selbst. Seine Person und sein Handeln sind der Maßstab, an dem alles gemessen werden muss. Das Heil des Menschen besteht nach dem Glauben der Kirche in der Gemeinschaft mit Gott und findet seine Vollendung auf dem Weg des Kreuzes in der Auferstehung.

Häretische Päpste

Wenn wir die ungefähr 300 Päpste – eine genaue Zahl lässt sich nicht angeben, weil die Zahl der Gegenpäpste schwankt – daraufhin prüfen wollen, ob sie selbst immer und überall am christlichen Glauben festgehalten haben, dann stehen wir vor einer unerfüllbaren Aufgabe. Der Glaube des Menschen als inneres Geschehen entzieht sich jedem Blick von außen. Anders steht es, wenn wir die offiziellen Verlautbarungen der Päpste unter die Lupe nehmen. In der zweitausendjährigen Geschichte der Kirche gibt

Papst Liberius (352 – 366) gründet in Rom die Basilica Liberiana mit dem Patronat Maria Schnee, heute S. Maria Maggiore. Die Tafel des doppelseitigen Triptychons stammt aus dem frühen 15. Jahrhundert.

es zumindest zwei Päpste, die wegen bestimmter Glaubensaussagen als Irrlehrer angesehen werden.

Die Regierungszeit des Papstes Liberius (352 – 366) stand noch stark im Bann der arianischen Streitigkeiten. Dieser Papst konnte nicht verhindern, dass Kaiser Konstantius II. auf den Synoden von Arles (353) und Mailand (355) die Verurteilung des rechtgläubigen Bischofs Athanasius durchsetzte. Er musste allerdings selbst ins Exil nach Thrakien und änderte während dieser Zeit seine Meinung, indem er der Exkommunikation des Athanasius zustimmte und eine mehrdeutige Glaubensformel unterschrieb. Später fand er zum orthodoxen Glauben von Nicäa zurück, vermochte aber seinen Ruf als Verräter des Glaubens nie mehr ganz zu tilgen.

Der zweite Fall betrifft Papst Honorius I. (625 – 638), der wegen Aussagen zu den »Energien« in Christus in den Verdacht eines Häretikers geriet. Auf Anfrage des Patriarchen Sergios I. von Konstantinopel entschied Honorius für einen einzigen Willen in Christus. Erst nach dem Tod des Papstes lehrte Maximus der Bekenner, dass Christus über zwei Willen und zwei Energien verfügt habe. Das Sechste Ökumenische Konzil von Konstantinopel (680/681) erklärte diese bis dahin noch als theologische Theorie geltende Ansicht zum Dogma und verurteilte damit alle Anhänger des Monotheletismus wie auch des Monoenergismus, zu denen eben auch Honorius I. gehört hatte. Weil sich auch Papst Leo II. (682 – 683) dem Konzil anschloss, war Honorius als Häretiker gebrandmarkt. Die beiden folgenden Konzilien in Konstantinopel (787 und 869/870) bestätigten das Urteil von 680/681 und verurteilten damit Honorius abermals als Irrlehrer.

Viele Jahrhunderte später brachte der Rottenburger Bischof Hermann Hefele, zuvor Kirchenhistoriker an der Universität Tübingen, beim Ersten Vatikanischen Konzil (1869/70) das Honorius-Problem erneut zur Sprache, um die von der Mehrheit der Konzilsväter erstrebte Aussage über die Unfehlbarkeit des Papstes zu vereiteln. Doch die Befürworter der päpstlichen Unfehlbarkeit meinten die Festlegung des Papstes Honorius als Disziplinarmaßnahme abtun zu können und verfälschten damit einen historisch nicht zu bestreitenden Tatbestand.

Leichter als eine Entscheidung über Rechtgläubigkeit fällt ein Urteil darüber, ob Päpste in ihrem persönlichen Leben immer der kirchlichen Morallehre entsprochen haben. Wie nicht anders zu erwarten, treffen wir unter den Päpsten Gläubige und Ungläubige, Sanftmütige und Gewaltherrscher, Heilige und Verbrecher. In der Geschichte der Kirche gab es vor allem zwei Perioden, in denen ein unwürdiger Lebenswandel oder verschiedene Arten von Amtsmissbrauch auffallende Kennzeichen von Päpsten waren: das 10. Jahrhundert, auch als *Saeculum Obscurum* bekannt, und das Zeitalter der Renaissance.

Die Ökumenischen Konzilien des 4. und 5. Jahrhunderts

325 Konzil von Nicäa, einberufen von Kaiser Konstantin d. Gr.: Definiert wird, dass Jesus Christus »Sohn Gottes«, wahrer Gott und »eines Wesens mit dem Vater« ist (nicänisches Bekenntnis).

381 Konzil von Konstantinopel: Das Bekenntnis von Nicäa erhält den Zusatz: »(...) Und (wir glauben) an den Heiligen Geist, den Herrn, der da lebendig macht.« Damit wird die Gottheit des Heiligen Geistes definiert (nicäno-konstantinopolitanisches Glaubensbekenntnis).

431 Konzil von Ephesus: Jesus Christus ist »vollkommen Gott und vollkommen Mensch (...) mit dem Vater wesenseins der Gottheit nach und als derselbe mit uns wesenseins der Menschheit nach«. Die heilige Jungfrau Maria kann dementsprechend »Gottesmutter« und »Gottesgebärerin« genannt werden.

451 Konzil von Chalkedon: Die göttliche und die menschliche Natur sind in Christus »unvermischt, unverwandelt, ungetrennt« vorhanden und verbinden sich in ihm zu einer »Person«.

Saeculum Obscurum

Viele Päpste im 9. und 10. Jahrhundert stammten aus herrschenden Adelsfamilien. Stephan VI. (896 – 897), der nur ein Jahr als Papst regierte, ließ seinen Vorgänger Formosus (891 – 896) exhumieren und nachträglich verurteilen, nur weil dieser zuvor Bischof von Porto gewesen war und gemäß dem von einem Konzil beschlossenen Translationsverbot nicht mehr auf einen anderen Bischofsstuhl hätte versetzt werden dürfen. Unter Papst Sergius III. (904 – 911) verdammte eine römische Synode Formosus erneut und erklärte darüber hinaus alle von ihm gespendeten Weihen für ungültig. Theodora, die Ehefrau des römischen Senators und Konsuls Theophylakt, und ihre Tochter Marozia, die nach der Ehe mit Herzog Alberich von Spoleto noch zwei illegitime Ehen einging und dazwischen mit Papst Sergius ein unerlaubtes Verhältnis unterhielt, das nicht ohne Nachkommen blieb, gaben Anlass dazu, dass man über das »römische Weiberregiment« spottete. Theodora soll Johannes X. (914 – 928), dem

Jacopo Pesaro und Papst Alexander VI. vor dem heiligen Petrus. Gemälde, 1509, von Tizian (um 1488/90 – 1576)

RITRATTO DI VNO DI CA PESARO
IN VENETIA CHE FV FATTO

früheren Erzbischof von Ravenna, zum Papstamt verholfen haben. Gefolgsleute von Marozias zweitem Ehemann Wido von Tuszien überfielen Johannes X. nach vierzehnjährigem Pontifikat bei einem Gottesdienst in der Laterankirche und warfen ihn in den Kerker, wo er schließlich erdrosselt wurde.

Marozia, die zusammen mit ihrem Mann Wido Rom beherrschte, brachte Leo VI. und Stephan VII. auf den Papststuhl. Ihr eigener, vielleicht mit Papst Sergius III. gezeugter Sohn regierte als Papst Johannes XI. (931 – 935). Wenig später folgten mehrere Päpste mit Namen Johannes. Der römische Prinzeps und Senator Alberich bestimmte seinen Sohn Octavian als Johannes XII. zum Inhaber des Papstamtes, mit dem zu dieser Zeit vornehmlich politische Aufgaben verbunden waren. Papst Johannes XII. krönte den deutschen König Otto I. 962 zum Kaiser. Doch dieser vertrieb den Papst nur ein Jahr später aus Rom wegen Kontakten zu Byzanz und Ungarn, entsetzte ihn schließlich des päpstlichen Amtes und ließ auf einer römischen Synode den Laien Leo zum Papst wählen, der sich den Namen Leo VIII. (963 – 965) gab. Johannes XIII. (965 – 972), ein Römer, verdankte seine Erhebung zum Papst Kaiser Otto I. Papst Johannes XIV. (983 – 984) wurde von Papst Bonifatius VII. gestürzt und in der Engelsburg eingekerkert, wo er den Tod fand.

Johannes XV. (985 – 996), Sohn eines römischen Priesters, musste sich der Herrschaft der Kreszentier in Rom beugen. Der römische Patricius Crescentius II. vertrieb den deutschen Papst Gregor V. (996 – 999) und setzte an dessen Stelle den Griechen Philagathos aus Rossano (Kalabrien), der sich Johannes XVI. (997 – 998) nannte, in der offiziellen Papstliste aber als Gegenpapst rangiert. Kaiser Otto III., ein Verwandter des vertriebenen Papstes, setzte Gregor V. wieder ein, der seinerseits Johannes XVI. als Eindringling verurteilte. Crescentius wurde zum Tode verurteilt und hingerichtet, der geflohene Johannes XVI. deportiert, verstümmelt, geblendet und in Klosterhaft genommen.

Renaissancepapsttum

Im 15. und 16. Jahrhundert bewährten sich die meist adeligen Päpste in Rom ebenso wie die Medici-Fürsten in Florenz als großartige Förderer von Kunst und Architektur. Doch die Renaissancepäpste von Sixtus IV. (1471 – 1484) über Alexander VI. (1492 – 1503) bis Clemens VII. (1523 – 1534) frönten, als ob ein notwendiger Zusammenhang bestünde, einem prunkvollen und lasterhaften Leben. Mit *Simonie* und *Nepotismus* trieben sie eine eigennützige Familienpolitik und benutzten dabei den Kirchenstaat, als ob er ihr privates Erbland wäre. Schon Nikolaus V. (1447 – 1455), früher Kardinalbischof Tommaso Parentucelli von Bologna, wollte Rom zur Hauptstadt der Künste und Literaten machen.

Calixt III. Borgia (1455 – 1458) überhäufte seine spanischen Verwandten, allen voran Rodrigo Borgia, den späteren Papst Alexander VI., mit Territorien, Titeln und Tessoren. Pius II. (1458 – 1464) wusste als Enea Silvio Piccolomini das Schaffen eines gelehrten Humanisten mit einem ausschweifenden Lebenswandel zu verbinden. Beim Frankfurter Reichstag 1442 erhielt er vom deutschen König Friedrich III. für seine Gedichte und Erzählungen, darunter die obszöne Novelle »Euryalus und Lucrezia«, die Dichterkrone. Vor seiner Priesterweihe, zu der er sich erst in vorgerücktem Alter entschließen konnte, unterhielt er Liebesverhältnisse, aus denen mehrere Kinder hervorgingen.

Im Rückblick auf sein lockeres Leben mahnte der zum Papst erhobene Pius II.: »Aeneam reicite, Pium recipite!« (Verwerft Enea und folgt Pius!). Vom deutschen Kardinal Nikolaus Cusanus, mit dem Piccolomini seit langem befreundet war und den er als Papst um Vorschläge für eine längst notwendige Reform der Kirche ersuchte, musste sich Pius II. sagen lassen: »Mir gefällt nichts, was an dieser Kurie geschieht. Alles ist korrupt.« Sixtus IV. della Rovere (1471 – 1484), als Franziskanermönch noch vorbildlich, ernannte als Papst zwei seiner Neffen zu Kardinälen: Giuliano, der später als Papst Julius II. regieren sollte, und den zügellosen Franziskaner Pietro Riario, der nur zwei Jahre nach seiner Erhebung an Ausschweifung starb. Einem dritten Neffen mit Namen Girolamo Riario schenkte er das Fürstentum Imola. Anderen Verwandten verhalf der Papst zur Heirat in hohe Adelsfamilien. Auf diese Weise schuf sich Sixtus IV. eine Hausmacht in Rom und im Kirchenstaat. Er machte sich mitschuldig beim Attentat auf den Florentiner Fürsten Lorenzo Magnifico und dessen Bruder Giuliano im Dom von Florenz. Der Fürst kam mit dem Leben davon, Giuliano musste sterben. Während die Mitverschwörer gefangen und hingerichtet wurden, blieb der Papst als Mitwisser verschont. Er belegte den überlebenden Fürsten Lorenzo mit dem Kirchenbann und erklärte dem Fürstentum Florenz den Krieg.

Die berühmte Sixtinische Kapelle, für die er die Künstler Perugino, Botticelli und Ghirlandaio mit Aufträgen betraute, bleibt für immer mit dem Namen dieses Papstes verbunden. Sixtus sonnte sich überdies im Lichte gelehrter Humanisten wie Pomponius Laetus und Bartolomeo Platina, die er an seinen Hof berief.

Innozenz VIII. Cibo (1484 – 1492) erkannte seine illegitimen Kinder öffentlich an und bereitete ihnen glänzende Hochzeiten. Seinen Sohn Franceschetto verheiratete er mit einer Tochter des Lorenzo de' Medici; dessen Sohn Giovanni, der später als Papst Leo X. die Kirche regieren sollte, erhob er dreizehnjährig zum Kardinal. Alexander VI. Borgia (1492 – 1503), als Rodrigo Borja 1431

Detail aus Raffaels Gemälde von Papst Leo X., 1517/18

im spanischen Jativa geboren, bleibt allein wegen seiner vielen während der Kardinalszeit gezeugten Kinder und seiner noch als Papst gepflegten amourösen Beziehungen unrühmlich bekannt. Sein Onkel Papst Kalixt III. erhob ihn schon in jungen Jahren 1455 zum Kardinal. Für seine Wahl zum Papst wandte er enorme Summen an Bestechungsgeldern auf. Umgekehrt ließ er sich die Vergabe von Kardinalstiteln gut bezahlen. Um seinen Kindern, von denen die mit der adeligen Römerin Vannozza de Cataneis gezeugten Cesare, Juan, Pedro Luis und Lucrezia am bekanntesten sind, Titel und Territorien zu verschaffen, schloss er politische Bündnisse, führte, wenn es nötig war, Kriege und schreckte selbst vor Ehescheidungen und Mordaufträgen nicht zurück. Die Verhältnisse besserten sich nur wenig unter den folgenden Päpsten. Giuliano della Rovere, ein Neffe von Papst Sixtus IV., regierte als Papst Julius II. (1503 – 1513). Mehr Kriegs- als Kirchenmann, richtete er sein Hauptinteresse auf die Sicherung und Erweiterung des Kirchenstaates.

Papst Julius II. (1503 – 1513), Zeichnung von Raffael

Leo X. (1513 – 1521), ein Sohn von Lorenzo il Magnifico, war der erste Papst aus dem berühmten Fürstengeschlecht Medici. Nach seinen eigenen Worten wollte er das Papsttum genießen, weil Gott es ihm geschenkt habe. Wissenschaft und Kunst führte er während seines Pontifikats zu neuer Blüte. So bekundete es der Vers auf einem zu seinen Ehren errichteten Triumphbogen: »Einst hat Venus geherrscht, dann kam der Kriegsgott an die Reihe, nun beginnt dein Tag, hehre Minerva.« Dass er Verwandte mit Ehren und Ämtern bedachte, war schon päpstliche Tradition. So verlieh er seinem Cousin Giulio de' Medici das Erzbistum Florenz und den Kardinalstitel.

Dem Neubau von St. Peter in Rom sollten die Gelder zufließen, die ein für diesen Zweck ausgeschriebener Ablass einbrachte. Dass der junge Mönch Martin Luther solche Geldgeschäfte zum Anlass für seine Ablassthesen und für ernste Aufrufe zur Kirchenreform nahm, tat Papst Leo X. ab mit dem Hinweis: »Was stört mich dieses Mönchsgezänk.«

Auf diese unwürdigen Päpste folgte mit dem holländischen Kardinal Adrian Florensz ein gelehrter und sittenstrenger Papst, der als Hadrian VI. (1522 – 1523) jedoch nur 15 Monate die Kirche regierte. Bei einem längeren Pontifikat hätte die von ihm bereits in die Wege geleitete Reform der Kurie vermutlich entscheidende Fortschritte gemacht. Vielleicht wäre sogar das Schisma der abendländischen Kirche ganz vermieden worden.

Mit dem Medici-Papst Clemens VII. (1523 – 1534), einem Cousin von Papst Leo X., gewann die Politik an der Kurie wieder die Oberhand. Unglücklicherweise bildete der Papst im Bund mit Frankreich und Venedig 1526 die Liga von Cognac und machte sich damit Kaiser Karl V. zum Gegner, dessen Söldnertruppen beim *Sacco di Roma* 1527, wie einst die Vandalen, in Rom wüteten.

Papst Paul III. Farnese (1534 – 1549) war von Alexander VI. schon mit 25 Jahren in das Kollegium der Kardinäle aufgenommen worden. Diese Erhebung verdankte er der Tatsache, dass seine schöne Schwester Giulia die Mätresse des Borgia-Papstes Alexander VI. war. Die Römer machten sich über sie als »Braut Christi« lustig. Farnese selbst hatte schon vor seiner Weihe zum Priester drei Söhne und eine Tochter aus illegitimen Verhältnissen. Zu den ersten Kardinälen, die er als Paul III. ernannte, gehörten seine Enkel Alessandro Farnese (mit 14 Jahren) und Ascanio Sforza (mit 16 Jahren). Seinem Sohn Pier Luigi Farnese verlieh er das Herzogtum Parma und Piacenza. Und doch setzte unter dem noch dem Renaissance-Leben verhafteten Papst Paul III. ein Wandel zur Erneuerung der Kirche ein, denn er entschloss sich nach langem Zögern zu einem Ökumenischen Konzil, das 1545 in der Reichsstadt Trient zusammentrat und als großes Reformkonzil in die Geschichte der Kirche einging.

Stein des Anstoßes

04

Das Papstamt als Garant kirchlicher Einheit und als Ursache von Spaltungen

Für die kirchliche Ökumene, das heißt für die über die gesamte Erde verstreute und im selben Glauben an Jesus Christus einige Gemeinschaft der Christen wurde bald dringend, was Jesus im Abschiedsgebet an seinen göttlichen Vater als ein Hauptanliegen ausgesprochen hat: »Bewahre sie in deinem Namen, den du mir gegeben hast, damit sie eins sind wie wir (…) Alle sollen eins sein: Wie du, Vater, in mir bist und ich in dir bin, sollen auch sie in uns sein, damit die Welt glaubt, dass du mich gesandt hast« (Joh 17, 11; 17, 21).

Doch Jesu Bitte erfüllte sich nicht. Schon bald erlitt die Einheit der Christen im Glauben schweren Schaden durch widersprüchliche Meinungen in wesentlichen Glaubensfragen, insbesondere was die Person und Sendung Jesu selbst betraf. Spannungen und Streitigkeiten führten zu voneinander getrennten kirchlichen Gemeinschaften und Kirchen. Wir wollen hier nur zwei große Schismen betrachten, welche die vorher im Glauben geeinte Kirche jeweils in zwei Teile zerrissen, ohne dass die ursprüngliche Einheit jemals wieder zustande gekommen wäre. Was besonders verwundern muss, ist die Tatsache, dass die Hauptursachen für Spaltungen der Kirche weniger in unterschiedlichen Glaubenslehren, sondern vielmehr in verschiedenen Kirchenbildern, insbesondere was die Vorrangstellung des römischen Bischofssitzes betrifft, zu finden sind.

Morgenländisches Kirchenschisma

Nachdem Kaiser Konstantin der Große das am Bosporus gelegene Städtchen Byzantion im Jahr 330 als die nach ihm benannte Stadt Konstantinopel neu gegründet und zu seiner Hauptresidenz erwählt hatte, verlor die alte Kaiserstadt Rom an politischer und geistiger Bedeutung, bis die Päpste ihr im 4. und 5. Jahrhundert zu neuem Ruhm und

Papst Paul VI. und der ökumenische Patriarch Athenagoras umarmen sich 1965 brüderlich in der Peterskirche anlässlich der Aufhebung der gegenseitigen Exkommunikation aus dem Jahre 1054.

Der bibelkundige Mönch hatte schon Jahre zuvor als Universitätslehrer in Vorlesungen über Briefe des Apostels Paulus als Antwort auf die ihn bedrängende Frage »Wie finde ich einen gnädigen Gott?« die Gnade Gottes und den Glauben des Menschen an diese göttliche Gnade als allein für das ewige Heil entscheidende Prinzipien (*sola gratia, sola fides*) herausgestellt. Auf diese Weise stellte er nicht nur den Rang der guten Werke in Frage, sondern auch das geltende Verständnis der Sakramente und des Amtspriestertums. Papst Leo X. begegnete dieser theologischen Provokation mit der Anordnung eines Ketzerprozesses gegen den Wittenberger Mönch. Beim Verhör durch Kardinal Cajetan, der als päpstlicher Legat beim Reichstag in Augsburg (1518) weilte, verweigerte Luther jeden Widerruf, wenn er nicht von der Falschheit seiner Lehren überzeugt werden könne, und bestritt prinzipiell die oberste Lehrautorität des Papstes. In einer Disputation mit dem Ingolstädter Theologieprofessor Johannes Eck in Leipzig (1519) vertrat er gar die ketzerische Meinung, dass selbst Konzilien irren könnten. Mit flammenden Grundsatzschriften goss der Angeklagte Öl ins Feuer der Auseinandersetzung.

So kam es, wie es kommen musste: Der Papst bestrafte Luther mit der Exkommunikation, und der Reichstag von Worms (1521) verhängte über ihn die Reichsacht. Der drohenden Verfolgung und einem eventuellen Tod entging der von den beiden höchsten Autoritäten verurteilte Theologe, indem er nachts Worms verließ und zum sächsischen Kurfürsten Friedrich dem Weisen floh, der ihm auf der Wartburg bei Eisenach Schutz gewährte.

Der aus Holland stammende Papst Hadrian VI. Florensz (1522 – 1523) sann von Anfang an auf eine gütliche Lösung des Streits, konnte aber schon wegen der Kürze seines Pontifikats die verfahrene Lage nicht mehr ändern. Auf dem Nürnberger Reichstag (1522) ließ er seinen Legaten Kardinal Francesco Chieregati eine Instruktion verlesen, worin er einerseits Luthers Irrtümer und die Gefährdung der kirchlichen Einheit durch Luther und seine Anhänger verurteilte, andererseits aber auch die Mitschuld der päpstlichen Kurie und der gesamten Kirche in aller Öffentlichkeit beklagte: »Du sollst auch sagen, dass wir es aufrichtig bekennen, dass Gott diese Verfolgung seiner Kirche geschehen lässt wegen der Sünden der Menschen, besonders der Priester und der Prälaten (...) Wir wissen wohl, dass auch bei diesem Heiligen Stuhl schon seit manchem Jahr viel Verabscheuungswürdiges vorgekommen: Missbräuche in geistlichen Dingen, Übertretungen der Gebote, ja, dass alles sich zum Ärgeren verkehrt hat.

So ist es nicht zu verwundern, dass die Krankheit sich vom Haupt auf die Glieder, von den Päpsten auf die Prälaten verpflanzt hat. Wir alle, Prälaten und Geistliche, sind vom Wege des Rechtes abgewichen, und es gab schon lange keinen einzigen, der Gutes tat (...).«

Der Papst beließ es aber nicht beim Jammern über die schlimmen Zustände: »Deshalb sollst du in unserem Namen versprechen, dass wir allen Fleiß anwenden wollen, damit zuerst der Römische Hof, von welchem vielleicht all diese Übel ihren Anfang genommen, gebessert werde; dann wird, wie von hier die Krankheit ausgegangen ist, auch von hier die Gesundung und Erneuerung beginnen.« Er wusste freilich gut genug, dass er allein nicht imstande war, die Verhältnisse rasch zu ändern. In diesem Sinn sind auch die Worte zu verstehen, die auf seinem Grabdenkmal in der deutschen Nationalkirche S. Maria dell' Anima in Rom zu lesen sind: »Wieviel kommt doch darauf an, in welche Zeit das Wirken selbst des trefflichsten Mannes fällt.«

Clemens VII. (1523 – 1534), der die Erhebung zum Kardinal und die Ernennung zum Erzbischof von Florenz seinem Vetter Papst Leo X. zu verdanken hatte, führte inmitten der schlimmsten Kirchenkrise das Leben eines Renaissancefürsten, dem mehr am politischen Geschehen als am Schicksal der Kirche gelegen war. Kaiser Karl V. zahlte dem Pontifex Maximus die Verbindung mit Frankreich und Venedig heim, indem er 1527 die Stadt des Papstes verwüsten (*Sacco di Roma*) und den Papst selbst in der Engelsburg gefangen setzen ließ. Drei Jahre später kam es dann doch zur letzten Krönung eines Kaisers durch den Papst in Bologna.

Zur selben Zeit ereignete sich in England der Sonderfall eines Kirchenschismas, weil Papst Clemens VII. 1534 am Ende eines langen Eheprozesses die schon seit 17 Jahren bestehende Ehe König Heinrichs VIII. mit Katharina von Aragon für weiterhin gültig erklärte und damit die vom König gewünschte kirchliche Eheschließung mit seiner Geliebten Anne Boleyn vereitelte. Daraufhin kündigte Heinrich VIII., den Papst Leo X. einst mit dem Ehrentitel »Verteidiger des Glaubens« ausgezeichnet hatte, die Glaubensgemeinschaft der englischen Katholiken mit Rom auf und ernannte sich selbst zum Oberhaupt der Kirche von England. Auf diese Weise riss der König sein ganzes Land in ein unseliges Schisma, das bis heute besteht. Als Heinrich VIII. 1547 starb, war England auf dem Weg, eine protestantische Nation zu werden.

Das vielleicht größte Versagen des Medici-Papstes Clemens VII. bestand darin, dass er sich beständig weigerte, ein allgemeines Konzil einzuberufen, das die dringend notwendige Erneuerung der Kirche in Angriff genommen hätte. Dieses Werk sollte erst sein Nachfolger Paul III. (1534 – 1549) vollbringen, obwohl auch dieser Papst, an Laufbahn und Bildung gemessen, ein typisches Kind der Renaissance war.

Der Kuriosität wegen sei erwähnt, dass Paul III. schon im Jahr 1537 zur Vorbereitung eines Konzils von einem angesehenen Theologengremium ein Reformgutachten erstellen ließ, das Jahre später einer seiner Nachfolger,

Europa während des Abendländischen Schismas (1378 – 1417)

Länder, die dem römischen Papst Gefolgschaft leisteten

Länder, die dem Papst in Avignon Gefolgschaft leisteten

Länder mit umstrittener oder wechselnder Loyalität beziehungsweise neutrale Regionen

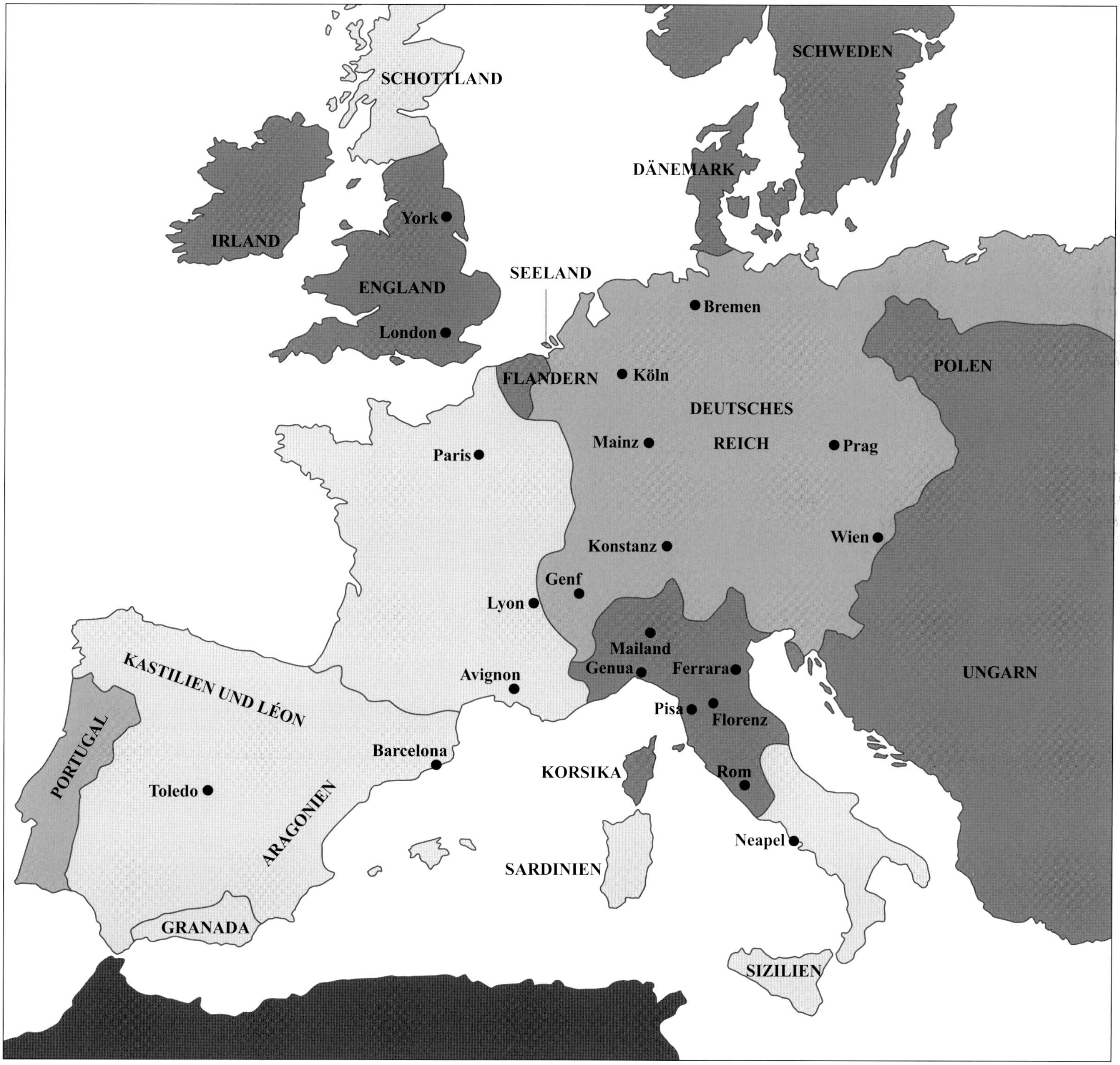

Paul IV. Caraffa (1555 – 1559), auf den Index der verbotenen Bücher setzte. Das seit langem geforderte allgemeine Konzil versammelte sich 1545 in der zum Deutschen Reich gehörenden Stadt Trient.

In drei von jahrelangen Pausen unterbrochenen Tagungsperioden (1545 – 1563) kam endlich ein Reformwerk zustande, das freilich deutlich antireformatorische Züge trug, obwohl der Name des führenden Reformators Martin Luther in den Konzilsdokumenten nicht ein einziges Mal genannt wird. Zu den folgenreichsten Wirkungen des Konzils von Trient gehört die Stärkung der Macht des Papsttums in der Kirche. Die vom Konstanzer Konzil (1414 – 1418) beschlossene Superiorität eines allgemeinen Konzils über den Papst hatte die Päpste vor Paul III. davon abgehalten, ein neues Konzil einzuberufen. Ihre Angst, der Konziliarismus könnte wieder aufleben, dauerte freilich auch nach dem Trienter Konzil noch fort.

Viele Beschlüsse des Trienter Konzils blieben bloßes Papier, wenn man an die Residenzpflicht der Bischöfe und das Verbot der Ämterhäufung denkt. Auch der großen Schaden stiftende Nepotismus lebte trotz Verbot ungestraft weiter. Die Päpste verstanden es meisterhaft, gestützt auf die Arbeit der Kongregationen in der Kurie und die Tätigkeit der päpstlichen Nuntien in den einzelnen Ländern, ihren Einfluss zu steigern.

Schnell breitete sich ein tridentinischer Triumphalismus aus, der viele Erneuerungsprogramme der Reformation, des Spätjansenismus und der katholischen Aufklärung durchkreuzte. So blieben noch im 19. Jahrhundert die Reformvisionen des französischen Priesters Lamenais, des italienischen Priesterphilosophen Rosmini und des von der anglikanischen zur römisch-katholischen Kirche konvertierten englischen Theologen und späteren Kardinals Newman ohne Resonanz. Dasselbe Schicksal war den Vorstellungen der deutschen Universitätstheologen Hirscher und Döllinger und des Konstanzer Generalvikars und Bistumsverwesers Wessenberg beschieden. Martin Luthers Hauptanliegen, das nicht auf Gründung einer neuen Kirche, sondern auf Erneuerung der alten zielte und doch zu einer verhängnisvollen Kirchenspaltung führte, kann man kaum besser zum Ausdruck bringen, als es der Münchener Kirchenhistoriker Ignaz von Döllinger (1799 – 1890), anfangs noch ein entschiedener Gegner

Bronzeepitaph von Johann Eck (1486 – 1543), einem Hauptgegner Martin Luthers. Bildhauer und Gießer des Werkes, das im Liebfrauenmünster Ingolstadt zu sehen ist, sind unbekannt.

Martin Luther, Gemälde von Lucas Cranach d. Ä.

Chronologie der Reformation

Voraussetzungen:

- Krise des Papsttums im 14. und 15. Jahrhundert
- Überspannung des weltlichen Herrschaftsanspruches und Dekadenz der Päpste
- Kritik des Humanismus an der Lebensführung des Klerus
- Verlangen nach kirchlichen Reformen
- Erstarken der deutschen Landesfürsten gegenüber Papst und Kaiser
- Auflösung der mittelalterlichen Einheit von weltlicher und geistlicher Herrschaft
- kultureller Wandel (Aufstieg der Städte, Erfindung des Buchdrucks)
- religiöser Individualismus (Mystik)

1517 Veröffentlichung der 95 Thesen Martin Luthers gegen den Ablasshandel

1521 Luther verweigert auf dem Wormser Reichstag gegenüber Papst und Kaiser den Widerruf seiner Thesen und wird mit Acht und Bann belegt

1522 Reformation in der Schweiz (Zwingli)

1530 Luther erhält Unterstützung durch Fürsten und die Reichsstände; Proklamation des Augsburger Bekenntnisses

1531 Zusammenschluss der Protestanten im Schmalkaldischen Bund und Entstehung von protestantischen Landeskirchen unter der Führung der weltlichen Landesherren

1536 Das Luthertum wird Staatsreligion in Dänemark und in der Folgezeit auch in Schweden, Norwegen, Island, Livland und in eigener Form auch in England (Heinrich VIII.); der Calvinismus prägt unter anderem die Niederlande, Schottland und die Schweiz

1547 Niederwerfung der protestantischen Stände durch Kaiser Karl V. im Schmalkaldischen Krieg

1555 Augsburger Religionsfrieden: Der Landesherr (nicht die Untertanen) erhielt das Recht der freien Konfessionswahl (cuius regio, eius religio), womit die religiöse Spaltung Deutschlands besiegelt war

1648 Im Westfälischen Frieden wird der Calvinismus als dritte christliche Konfession anerkannt; Ausbreitung des Protestantismus nach Amerika

Dit Calf ſyn iſt met deſen ſappe Van Oraignen.
Des ick noyt beter ſpyse en Vant.
Maer moet my Wachten van Calangien.
Oft soude moeten ruymen t'lant.
Ey des pap is bitter gebrockt met ſchellen vn oraignen.
Daerom myn Catte leeken niet als ſy plagen.
Maer compt myn en ouden kock wer wt Spaignien.
Sou al t'geſelschap willen veriaghen.
Ick raecke de luyt teer aen
En ſoude geeren houden goey maet
Maer niemant en wilt myn ſpel verſtaen
Soo iſt best dat ick t'late
Waer de liefde int herte
Soo en hoef de ick opt tresoir

Das anonyme niederländische Gemälde »Der Friede« (um 1600) mahnt die Kirchen zur Toleranz. Es zeigt außer dem Papst, Calvin und Luther, die zusammen am Tisch sitzen, links die Figur der Pax und rechts einen Mennoniten, der Brot in eine Wasserschale taucht.

Ignaz von Döllinger (1799–1890), katholischer Theologe und Historiker, einer der entschiedensten Gegner des »Unfehlbarkeitsdogmas« des Ersten Vatikanischen Konzils

Das Gemälde eines unbekannten Schweizer Malers aus dem 18. Jahrhundert zeigt die Versammlung des Konzils von Trient (1545–1563).

Luthers, in seinem Buch *Kirche und Kirchen* (1861) getan hat: »Der rechte reformatorische Geist darf in der Kirche nie entschwinden, muss vielmehr periodisch mit neu verjüngender Kraft hervorbrechen und in das Bewusstsein und den Willen des Klerus eindringen. In diesem Sinne weigern wir uns nicht, die Berechtigung eines auch von außen her an uns gerichteten Rufes zur Buße, das heißt zur sorgfältigen Prüfung unseres kirchlichen Lebens und pastoralen Verhaltens und zur Verbesserung des schadhaft Befundenen zuzugeben.« So ging es weiter an der Wende zum 20. Jahrhundert mit des Modernismus verdächtigten Theologen in Frankreich (Alfred Loisy), England (George Tyrell) und Deutschland (Franz Xaver Kraus, Hermann Schell und Albert Ehrhard), die mit den Mitteln der Indizierung, Suspendierung und Exkommunizierung zum Schweigen gebracht wurden. Noch eine Generation später veröffentlichte der französische Dominikaner Yves Congar, ein mutiger Einzelkämpfer, sein Buch *Wahre und falsche Reform in der Kirche* (1937) und blieb mit seinen Reformvorschlägen im Vatikan wiederum ungehört, ja, musste Rede- und Schreibverbot auf sich nehmen, bis er, von Papst Johannes XXIII. zum Konzilsperitus ernannt, wieder zu Ehren kam. In den christlichen Kirchen herrscht heute Übereinstimmung darin, dass ein universal anerkanntes Petrusamt für das Christentum insgesamt sehr nützlich wäre. Papst Johannes Paul II. (1978 – 2005) brachte in seiner Ökumenismus-Enzyklika *Ut unum sint* (1995) zum Ausdruck, dass »die Form der Primatsausübung« der neuen Situation entsprechen sollte, ohne dass »das Wesentliche ihrer Sendung« aufgegeben werden dürfe. Um dies zu erreichen, empfahl er »einen brüderlichen, geduldigen Dialog«.

Vier Szenen vom Konzil von Trient (1545 – 1563). Deckengemälde von Johann Lukas Kracker (1717 – 1779) in der Erzbischöflichen Bibliothek der Pädagogischen Hochschule Eger (Ungarn)

05 »Die Besitztümer des Petrus«

Latifundien, Schenkungen, Paläste und das Ende des Kirchenstaates

Die Konstantinische Schenkung: Konstantin überlässt Papst Silvester I. die kaiserlichen Herrschaftszeichen Phrygium und Baldachin sowie den Lateranpalast.

Fromme Schenkungen und Vermächtnisse von Adeligen und Kaisern in vielen Provinzen des Römischen Reiches, vor allem in Italien und auf Sizilien, aber auch in Nordafrika, Gallien und Dalmatien machten den Bischof von Rom schon im 6. Jahrhundert zum reichsten Grundbesitzer in Italien. Unter Papst Gregor dem Großen (590 – 604) erreichten die Kirchengüter der römischen Kirche einen Umfang von 85 Quadratmeilen. Er selbst vermachte der Kirche in Rom familieneigene Latifundien auf Sizilien, richtete für den gesamten Besitz der römischen Kirche eine systematisch betriebene Finanzverwaltung ein und steigerte auf diesem Weg die wirtschaftlichen Erträge. Weil der Apostel Petrus als der eigentliche Eigentümer galt, heißen die Besitzungen auch *Patrimonium Petri*.

Erheblichen Zuwachs verschaffte dem römischen Kirchenbesitz im 8. Jahrhundert die Gunst fränkischer Herrscher. Im Vertrag von Quierzy (754) zwischen König Pippin und Papst Stephan II. erhielt das Papsttum als Belohnung für die Zerstörung des Langobardenreiches in Oberitalien Rom und Ravenna mit Venetien und Istrien sowie Spoleto und Benevent. Pippin durfte fortan den Titel Patricius Romanorum (Schutzherr der Römer) führen. Sein Sohn Karl (seit 800 Kaiser Karl der Große) bestätigte den Besitzstand der Kirche und vergrößerte ihn noch um die südliche Toskana, die Campagna und die Stadt Capua.

Die Konstantinische Schenkung (*Constitutum Constantini*), jene unter dem Pontifikat Hadrians I. (772 – 795) entstandene Fälschung, behauptet, Kaiser Konstantin der Große (306 – 337) habe Bischof Silvester von Rom (314 – 335) und dessen Nachfolgern aus Dankbarkeit für die Spendung der Taufe und für die Heilung vom Aussatz nicht nur den Lateranpalast geschenkt und kaiserliche Gewalt, Würde und Insignien verliehen, sondern ihnen auch die Herrschaft über Rom und alle »Provinzen, Gebiete und Städte Italiens und der westlichen Länder«, das heißt über das gesamte Abendland übertragen. Letztlich sollte mit diesem Dokument die weltliche Herrschaft des Papstes über das weströmische Kaiserreich legitimiert werden. Nach einer Sonderlesart der *Vita Silvestri*, in die das *Constitutum Constantini* aufgenommen ist, waren beim Schenkungsakt Stimmen von Engeln zu vernehmen, die riefen: »Heute ist in der Kirche Gift ausgeschüttet worden.« Eine Auffassung, die auch der Sänger Walther von der Vogelweide vertrat. Noch schärfer urteilte der Dichter Dante Alighieri in seiner *Divina Commedia*: »O Konstantin, nimm wieder, was du dem Papst geweiht. Es kam damals hernieder der Fluch der Christenheit.« Bis zum 11. Jahrhundert fand die Konstantinische Schenkung nur geringe Verbreitung und diente nie als juristischer Beweis für konkrete Ansprüche der Kirche. Erst Papst Innozenz III. (1198 – 1216) benutzte die Fälschung, um daraus päpstliche Macht- und Besitzansprüche abzuleiten. Er sah sich als oberster Herrscher des Abendlandes und vergab als Lehnsherr Länder an Fürsten und Könige.

Kaiser Otto der Große (936 – 973) vergrößerte den päpstlichen Besitz um Gebiete in Süditalien, Kaiser Heinrich III. (1039 – 1056) übertrug dem Papst das Herzogtum Benevent, Markgräfin Mathilde von Tuszien schenkte Papst Gregor VII. (1073 – 1085) ausgedehnte Ländereien. Als eigentlicher Herrscher des Kirchenstaates kann erst Papst Innozenz III. angesehen werden. Zu seinem Aufstieg als Territorialfürst trug entscheidend bei, dass der Stauferkaiser Friedrich II. den Kirchenstaat in der Goldenen Bulle von Eger (1213) feierlich anerkannte. Ein wirklicher Staat mit Rom als Hauptstadt wurde der Kirchenstaat im 15. Jahrhundert. Jetzt mussten die Päpste als weltliche Herrscher vor allem mit italienischen Stadtstaaten konkurrieren. Dies bedeutete, dass sie politische Bündnisse schlossen oder um territorialer Ansprüche willen Kriege führten, wie dies Papst Alexander VI. (1492 – 1503) zu tun beliebte. Unter Papst Julius II. (1503 – 1513) erlangte der Kirchenstaat, nicht zuletzt durch kriegerische Eroberungen, die größte Ausdehnung in Mittelitalien.

Die Lage änderte sich, als infolge der Französischen Revolution und mehr noch der eigennützigen Kirchenpolitik Napoleons der Kirchenstaat vorübergehend unterging. Dass Papst Pius VII. (1800 – 1823) »die Räuber des Patrimonium Petri« 1809 mit dem Kirchenbann belegte, blieb ohne Wirkung. Erst der Wiener Kongress drehte 1815 das Rad der Geschichte noch einmal zurück und restituierte den Staat des Papstes dank Kardinal Consalvis geschickter Diplomatie. Doch 1860 fiel der Kirchenstaat zum Teil und 1870 ganz an das neue Königreich Italien. Pius IX. betrachtete sich als »Gefangenen des Vatikans« und wies jedes Verhandlungsangebot zurück.

Trotzdem verabschiedete die italienische Regierung im Mai 1871 ein Garantiegesetz, das den Papst zum Souverän im Vatikan erklärte, ihm jährlich eine steuerfreie Rente in Höhe von 3 Millionen Goldmark bewilligte und außerdem die Paläste des Vatikans und des Laterans sowie die Sommerresidenz Castel Gandolfo zur Nutzung überließ. Doch der Papst verharrte trotzdem in Ablehnung wie übrigens auch seine Nachfolger Leo XIII., Pius X. und Benedikt XV. Bis zu einer Einigung zwischen dem Vatikan und dem italienischen Staat mussten noch 60 Jahre vergehen.

Kirchenstaat

Kerngebiet war zunächst der seit dem 4. Jahrhundert von der römischen Kirche in Mittel- und Süditalien erworbene Grundbesitz (Patrimonium Petri). Im 8. Jahrhundert kamen die bis dahin byzantinischen Gebiete von Ravenna und Spoleto hinzu (Pippinische Schenkung).

Der Kirchenstaat umfasste schließlich von Rom und Latium ausgehend immer größere Gebiete Mittelitaliens bis hin zur Adria. Außerdem gehörten die zwei süditalienischen Exklaven Benevent und Pontecorvo zum Kirchenstaat und, seit der von Frankreich erzwungenen Verlagerung der päpstlichen Residenz nach Avignon im 14. Jahrhundert, auch die Grafschaften Avignon und Venaissan.

Napoleon beseitigte den Kirchenstaat 1809. 1815 wurde dieser durch den Wiener Kongress wiederhergestellt. Der von Frankreich, Sardinien-Piemont und der italienischen Nationalbewegung herbeigeführte italienische Staat erfasste 1859/60 auch einen Großteil des Kirchenstaates.

Die päpstliche Herrschaft blieb auf das Kerngebiet Latium mit Rom beschränkt, allerdings wurde auch dieses 1870 dem italienischen Staat einverleibt. Der Papst erkannte die neue politische Situation nicht an und verstand sich als »Gefangener im Vatikan«. Erst in den Lateranverträgen (1929) wurde zwischen dem Papst und Italien ein Kompromiss gefunden: Die Vatikanstadt erhielt als Nachfolgerin des Kirchenstaates den Status eines souveränen Staates.

Der schon zu Lebzeiten weit über Deutschland hinaus bekannte und bewunderte Kirchenhistoriker Ignaz von Döllinger (1799 – 1890) deutete 1861 bei einem öffentlichen Vortrag im Münchener Odeon die Möglichkeit eines Untergangs des Kirchenstaates an und bemerkte dazu in allem Freimut, dass dieser Untergang durchaus im Rat der Vorsehung liegen könnte: »Die Kirche hat wohl die Verheißung, dass die Pforten der Unterwelt nichts wider

Blick über die kunstvoll angelegten Gärten des Vatikans

sie vermögen werden, aber sie hat keine Verheißung, dass der Nachfolger Petri auch stets der Monarch eines weltlichen Staates bleiben werde.« Diese mutigen Äußerungen schockierten den päpstlichen Nuntius Chigi so sehr, dass er den Saal ostentativ verließ. Heute bezweifelt wohl niemand mehr, dass das erzwungene Ende des Kirchenstaates nur als ein Segen für die Kirche und speziell für das Papsttum zu sehen ist.

Pius XI. (1922 – 1939) spendete nach seiner Wahl erstmals wieder seit 1846 den Segen *Urbi et Orbi* vom Balkon der Peterskirche und gab damit zu erkennen, dass er zu einer längst fälligen Aussöhnung zwischen dem Vatikan und dem italienischen Staat bereit sei. Die seit dem Ende des Kirchenstaates schwebende »Römische Frage« konnte nach langen Verhandlungen mit den von Kardinalstaatssekretär Pietro Gasparri und dem faschistischen Ministerpräsidenten Benito Mussolini am 11. Februar 1929 unterzeichneten (drei) Lateranverträgen gelöst werden. Im Staatsvertrag wurde die Souveränität des Staates der auf 44 Hektar geschrumpften Vatikanstadt (*Stato della Città del Vaticano*) anerkannt; im Finanzvertrag erhielt der Vatikan für den »Raub des Kirchenstaates«, wie Papst Pius IX. (1846 – 1878) es formuliert hatte, eine für die damalige Zeit großzügige Entschädigung von 750 Millionen Lire in bar und 1 Milliarde Lire in Staatspapieren (mit 5 % Zins); und im Konkordat garantierte Italien den katholischen Glauben als die einzige Religion des Staates. Es verwundert daher nicht, dass Papst Pius XI. den Duce Mussolini als einen »Mann der Vorsehung« rühmte. Der neue Vatikanstaat gab sich ein Bürgerliches Gesetzbuch, das erst 2001 unter dem Pontifikat Johannes Pauls II. reformiert wurde.

Auch wenn der Vatikan heute völkerrechtlich als ein Staat unter Staaten rangiert, so ist er doch ein Staat ohne jede militärische Macht, wenn auch nicht ohne politische Bedeutung. J. W. Stalin fragte einmal ironisch: »Wie viele Divisionen hat der Papst?« Das Wirken der Kirche, speziell des Vatikans, bleibt, wenngleich es primär geistlich und religiös ausgerichtet ist, nie ohne Einfluss auf das politische Geschehen in der Welt. Weil dies so ist, kommt aber allem Handeln und Nichthandeln der Päpste und der römischen Kurie eine doppelt schwere Verantwortung zu. Dies gilt insbesondere für alle diplomatischen Aktivitäten des Heiligen Stuhls, speziell des Staatssekretariats, das politisch durch päpstliche Legaten und Nuntien in der politischen Welt präsent ist.

Seit über sieben Jahrhunderten pflegen die Päpste ihr Grünes Paradies hinter vatikanischen Mauern. Ein von Pius IV. angelegtes Gartenhaus, die Casina di Pio, gehört heute zur päpstlichen Akademie der Wissenschaften.

06 Theologisierung des Staates und Politisierung der Kirche

Das Verhältnis von »Thron und Altar« im Laufe der Geschichte

Heinrich V. lässt Papst Paschalis gefangen nehmen, Gemälde aus dem Jahr 1840 von Karl Friedrich Lessing (1808 – 1880).

Wenn wir zuerst nach der Mission, dem Auftrag der Kirche, gefragt haben und erst jetzt nach ihrer Macht oder Herrschaft fragen, soll damit zum Ausdruck gebracht werden, dass die allererste Aufgabe der Kirche und folglich auch des Vatikans eine religiöse ist: nämlich die, das Evangelium von Jesus Christus, wie es uns in den Schriften des Neuen Testaments überliefert ist, unverändert und unverkürzt zu verkünden und im täglichen Leben zu verwirklichen. Dies ist der Maßstab, mit dem alles Tun und Lassen der Kirche gemessen werden muss.

Wer jedoch die zweitausendjährige Geschichte der Kirche nur ein wenig kennt, weiß gut genug, dass kirchliche Autoritäten, vom Papst bis zum letzten Dorfpfarrer, die vom Evangelium als heilige Pflicht vorgegebenen Maximen und Prioritäten oft verletzt haben, indem sie egoistische oder weltliche Motive und Ziele an die erste Stelle setzten und damit dem Geist des Evangeliums zuwiderhandelten. Als besonders schlimm empfinden wir es heute, dass sich das Denken und Tun kirchlicher Autoritäten oft kaum unterschied von den politischen Ambitionen und Aktivitäten weltlicher Herrscher. Dies gilt nicht für die ersten drei Jahrhunderte, wohl aber schon vom 4. Jahrhundert an, als Bischöfe und Päpste, protegiert von Kaiser Konstantin dem Großen (306 – 337) und seinen Nachfolgern, im politischen Kriegs- und Ränkespiel eifrig mitwirkten und dabei den absoluten Respekt vor der freien Annahme und Verwirklichung des Glaubens häufig vermissen ließen. So avancierte die ursprünglich freiwillige Glaubensgemeinschaft im Laufe von Jahrhunderten zu einer machtvollen Kircheninstitution, die selbst in religiösen Dingen vor der Anwendung von Macht und

Gewalt nicht zurückschreckte, ja sogar meinte, solches Tun im Namen Gottes rechtfertigen zu können. Hinzu kam eine unselige Verbindung der Kirche mit weltlichen Mächten, bis in die Neuzeit hinein bekannt als Verbindung von Thron und Altar.

Der Anspruch weltlicher Herrscher auf persönliche Sakralität gehört zu den ältesten Phänomenen der Religionsgeschichte. Könige und Kaiser umhüllten sich mit einer religiösen Aura, betrachteten sich persönlich als von Gott auserwählt und verstanden ihr Amt gleich dem eines Priesters. Dieser Auffassung begegnen wir schon bei Pharaonenkönigen. Die Vorsteher der Kirche mussten in den ersten drei Jahrhunderten ungezählte Konflikte mit römischen Kaisern durchstehen. Doch wegen der vielen Märtyrer, die dem christlichen Glauben trotz blutiger Verfolgung die Treue hielten, gewannen die einzelnen Christengemeinden rasch an Ansehen und Ausbreitung. Mit Kaiser Konstantin dem Großen endete die altrömische Repressionspolitik gegenüber dem Christentum. Mit realpolitischem Instinkt und vielleicht auch aus persönlich-religiöser Motivation entschloss sich der Kaiser zur offiziellen Anerkennung und Begünstigung der Kirche und ihres Glaubens. Im Interesse der Sicherheitspolitik verzichtete er aber darauf, Nichtchristen zum Glauben der Christen zu zwingen. Heidentum und Christentum bestanden noch eine Zeitlang nebeneinander.

Obwohl Konstantin sich vermutlich erst am Ende seines Lebens taufen ließ, hatte er die Bischöfe 325 zu einem Konzil in seine Sommerresidenz Nicäa einberufen, um kursierende Glaubensstreitigkeiten, insbesondere über die Person Jesu Christi, zugunsten der Einheit in der Kirche sowie der Ordnung in Staat und Gesellschaft aus der Welt zu schaffen. Diese kaiserliche Privilegierung wird gewöhnlich als *Konstantinische Wende*, gelegentlich sogar als Sündenfall der Kirche bezeichnet.

Nach weit verbreiteter Meinung ist die einst verfolgte und benachteiligte Kirche unter Kaiser Theodosius I. (379 – 395), einem früheren spanischen General, den Gratian 379 zum kaiserlichen Mitregenten für den Osten des Römischen Reiches erwählte, zur Reichskirche aufgestiegen. Als Beweis dient das häufig zitierte Edikt *Inter populos* vom 28. Februar 380. Darin wendet sich Kaiser Theodosius tatsächlich an alle Völker seines Herrschaftsgebietes, über die er »ein mildes und maßvolles Regiment« führen will, und ermahnt sie, »in der Religion zu verharren, die der göttliche Apostel Petrus, wie es der von ihm kundgemachte Glaube (*religio*) bis zum heutigen Tage dartut, den Römern überliefert hat und zu dem sich der Pontifex Damasus wie auch Bischof Petrus von Alexandrien, ein Mann von apostolischer Heiligkeit, offensichtlich bekennen«. Die Untertanen, heißt es weiter, sollten am Glaubensbekenntnis von Nicäa festhalten, denn »nur diejenigen, die diesem Gesetz folgen, sollen, so gebieten wir, katholische Christen heißen dürfen; die übrigen aber, die wir für toll und wahnsinnig halten, haben den Schimpf ketzerischer Lehre (*haereticae dogmatis infamia*) zu tragen. Auch ihre Versammlungsstätten dürfen nicht als Kirchen bezeichnet werden.« Dem Kaiser lag also nicht in erster Linie daran, den heidnischen Glauben auszurotten, er wollte vielmehr wie Konstantin die zwischen arianischen und nichtarianischen Christen bestehenden Unterschiede im Glauben an die Person Jesus Christus überwinden und dadurch auch die Ordnung im Staatsleben gewährleisten. Da in dem Edikt von einem Zwang der Heiden zum christlichen Glauben keine Rede ist, lässt sich eine Erhebung des christlichen Glaubens zur alleinigen Religion des Staates schwerlich behaupten. Dennoch trifft es zu, dass Kaiser Theodosius I. mit seiner neuen Religionspolitik den Weg zu einer christlichen Reichskirche beschritten hat, die dann spätestens unter Kaiser Justinian I. (527 – 565) voll verwirklicht werden sollte. Bis dahin erhielten Staat und Gesellschaft immer mehr ein christliches Gepräge.

Einen ersten nennenswerten Versuch, das Verhältnis zwischen Kirche und Staat theologisch zu bestimmen, unternahm Gelasius I. (492 – 496). In einem Schreiben an Kaiser Anastasius I. fordert der Papst für sich den Primat in allen geistlichen Belangen, während er dem König die Kompetenz in den weltlichen Dingen zugesteht: »Zwei sind es, erhabener Kaiser, von denen diese Welt prinzi-piell regiert wird: die heilige Autorität der Päpste und die Gewalt des Königs. Unter diesen haben die Priester ein umso größeres Gewicht, als sie auch für die Könige unter den Menschen bei der göttlichen Prüfung Rechenschaft ablegen müssen. Denn Du weißt, mildtätigster Sohn, dass Du, obwohl Du aufgrund Deiner Würde dem Menschengeschlecht vorstehst, dennoch den Verwaltern des Göttlichen demütig den Nacken beugst und von ihnen die Urgründe Deines Heils erwartest und dass Du beim Genuss der himmlischen Sakramente Dich der Ordnung der Religion eher unterwerfen musst, als ihr Vorschriften zu machen, und dass Du insofern von ihrem Urteil abhängig bist und nicht jene von Dir. Denn wenn die heiligen Pries-ter in Fragen der öffentlichen Ordnung Deinen Gesetzen gehorchen, da sie wissen, dass Dir die Macht von oben gegeben ist, und sie nicht den Anschein erwecken wollen, als widersetzten sie sich in weltlichen Dingen solch einem erlauchten Urteil, wie musst dann Du denen begegnen, die die Vorrechte ehrwürdiger Geheimnisse für sich in Anspruch nehmen können.« Mit dieser Definition erfolgte zum ersten Mal eine prinzipielle Abgrenzung zwischen *Regnum* (Königsherrschaft) und *Sacerdotium* (Priesteramt). Doch die wirkliche Politik ging meist andere Wege, wie schon die Geschichte der Karolinger zeigen sollte.

Papst Leo III. (795 – 816) ließ dem Frankenherrscher Karl dem Großen eine Anzeige seiner Wahl zukommen und legte – eine Neuheit – die Schlüssel zum Grab des

Papst Urban II. (1088–1099) rief im Jahr 1095 auf der Kirchenversammlung zu Clermont zum ersten Kreuzzug auf. Holzschnitt um 1480.

selbst das Kaisertum vom Osten nach Westen übertrug und weil er es ist, der die Kaiserkrone vergibt«.

Vorrangig auf die Verteidigung des wahren katholischen Glaubens gegen die häretischen Katharer in Südfrankreich bedacht, leistete Papst Innozenz III. den von einigen Grafen und Herzögen als Landeroberung geplanten Unternehmungen indirekt Schützenhilfe, indem er diese Kriegszüge auf eine Stufe mit den Kreuzzügen stellte. Schon am Anfang seines Pontifikats hatte er zu einem Kreuzzug aufgerufen, um das Heilige Land und vor allem die Stadt Jerusalem »aus den Händen der Ungläubigen« zu befreien. Die als fromme Wallfahrt propagierten Züge endeten allerdings schon auf halbem Weg mit der Plünderung und Zerstörung Konstantinopels.

Ungeachtet dessen wertete Papst Innozenz III. diese Abkehr vom eigentlichen Ziel als »ein Gottesgericht, das die Griechen getroffen hat zur Strafe für ihren Abfall von der römischen Kirche und für ihre hartnäckige Gleichgültigkeit gegenüber dem Kreuzzug«. Beim 4. Laterankonzil 1215 propagierte derselbe Papst erneut einen Kreuzzug ins Heilige Land, dessen Durchführung er aber nicht mehr erleben durfte. Sein Neffe und Nachfolger, Gregor IX. (1227 – 1241), belegte den jungen Kaiser Friedrich II., einen Enkel Friedrich Barbarossas, 1239 aus politischen Gründen zum zweiten Mal mit dem Kirchenbann. Der stolze Staufer verfolgte den verwegenen Plan einer Erbmonarchie im Römischen Reich und im Königreich Sizilien. Was sein Verhältnis zum Papsttum betraf, ließ er keinen Zweifel daran, dass der Kaiser kraft göttlichen Rechts regiere und deshalb vom Papst unabhängig sei. Obwohl selbst kein gläubiger Christ, scheute Friedrich sich nicht, den Papst als einen »Pharisäer, gesalbt mit dem Öl der Bosheit« hinzustellen und ihn sogar als »Antichrist« zu schmähen. Die Feindseligkeiten zwischen den beiden höchsten Gewalten eskalierten unter Papst Innozenz IV. (1243 – 1254), der vor seiner Karriere an der päpstlichen Kurie in Bologna Kirchenrecht gelehrt hatte.

Beim Allgemeinen Konzil von Lyon im Jahr 1245 exkommunizierte der Papst Kaiser Friedrich II. wegen Häresie sowie anderer Vergehen wie Meineid, Beleidigung der Kirche und Freundschaft mit Sarazenen, entband die Untertanen vom Treueid, verlangte die Wahl eines neuen Kaisers und rief zum Kreuzzug gegen den abgesetzten König und Kaiser auf. Die Basis für seine universale Kompetenz sah Papst Innozenz IV. in der Gewaltenfülle (*Plenitudo potestatis*), die Christus dem Apostel Petrus und dessen Nachfolgern übertragen habe. Deshalb stehe dem Papst auch das Recht zu, Kaiser und Könige ein- und abzusetzen. Friedrich hingegen versicherte, dass er zwar in allen Punkten am katholischen Glauben festhalte, jedoch die Zuständigkeit des Papstes in seiner Sache ganz entschieden ablehne. In Rundschreiben ersuchte er die Fürsten, ihm bei seiner Ablehnung der päpstlichen Übergriffe auf den weltlichen Bereich beizustehen, da er als

Kaiser niemanden über sich habe. Ein unerwartet früher Tod im Jahr 1250 erlöste den am Ende politisch gescheiterten Kaiser Friedrich II., den Erzbischof Berard von Palermo im letzten Augenblick von der Exkommunikation gelöst hatte. Die Dynastie der Staufer endete 1268 in Neapel mit der Hinrichtung Konradins von Hohenstaufen, eines Enkels von Friedrich II., auf dem Schafott. Auch dieser Herrscher war von Papst Clemens IV. exkommuniziert worden, weil er es trotz Verbot gewagt hatte, italienischen Boden zu betreten.

Der aus dem Adelsgeschlecht der Caietani stammende Papst Bonifaz VIII. (1294 – 1303) führte die Macht des Papsttums auf eine Schwindel erregende Höhe. Sein unmittelbarer Vorgänger, ein alter Einsiedlermönch, der nach über zweijähriger Vakanz des Apostolischen Stuhls gegen seinen Willen als Coelestin V. an der Spitze der Kirche gestanden hatte, hatte sich diesem hohen Amt nicht im mindesten gewachsen gezeigt und war schon nach wenigen Monaten zurückgetreten. Weil der Aufstieg von Bonifaz VIII. mit dem mehr oder minder freiwilligen Rücktritt seines Vorgängers in Verbindung gebracht werden konnte, ließ er den zurückgetretenen Papst im Kastell Fulmone gefangensetzen. Ausgerechnet zu der Zeit, als das Papsttum den Zenit seiner Kirchen- und Weltherrschaft erklommen zu haben schien, geriet Bonifaz VIII.

Kaiser Friedrich II. (1194 – 1250)

Einer der mächtigsten Männer des Mittelalters: Papst Innozenz III. (1198–1216) auf einem Mosaik des 13. Jahrhunderts in Alt-St. Peter.

Papst Bonifaz VIII. (1294–1303) mit Tiara und Schlüssel. Skulptur von Arnolfo di Cambio (um 1240–1302).

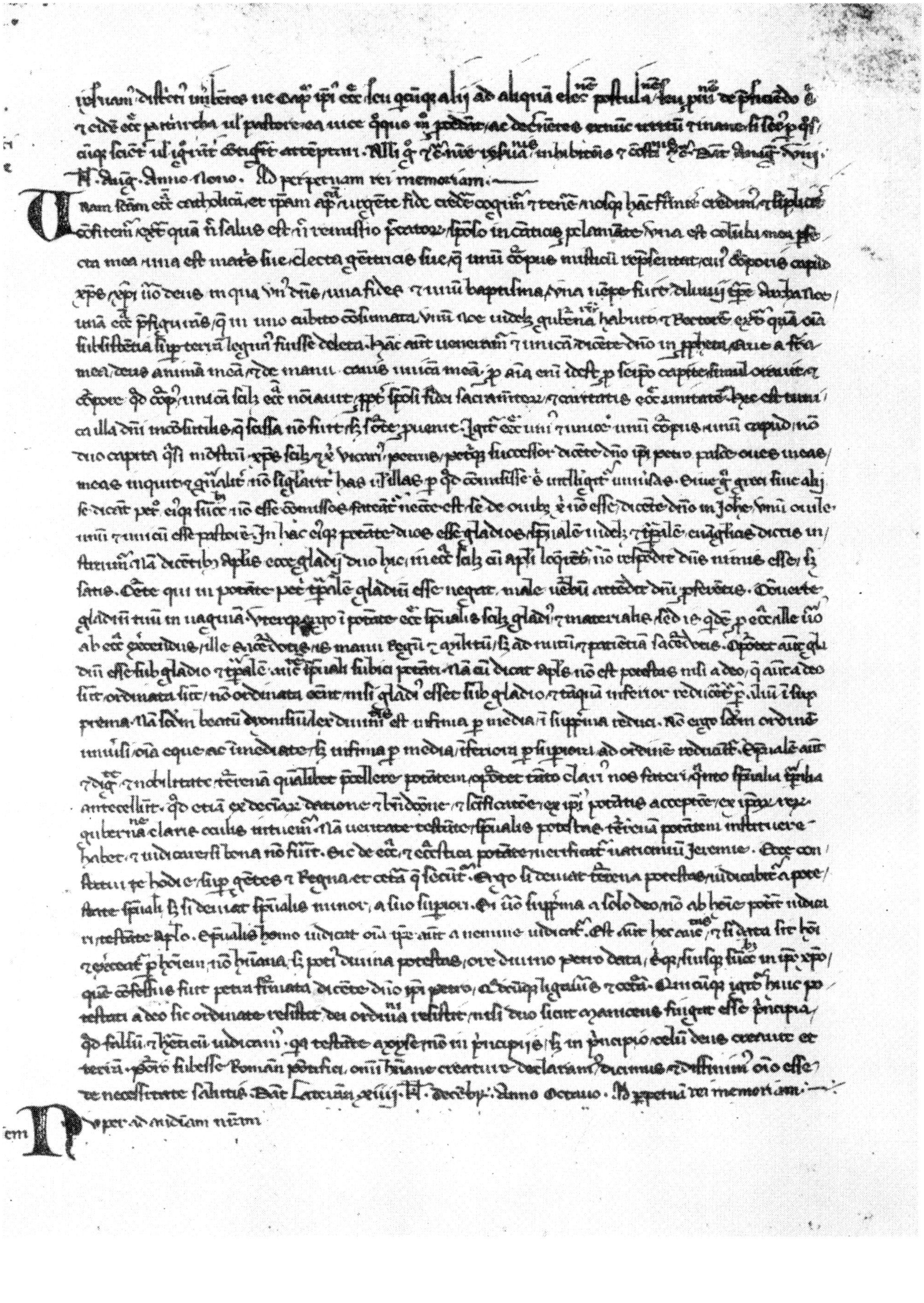

Die Bulle »Unam Sanctam« (1302)

in eine Art Vasallenrolle gegenüber dem französischen König Philipp IV. dem Schönen. Der König konnte es durchsetzen, dass der Nachfolger von Bonifaz VIII., Papst Clemens V. (1305 – 1314), zuvor mit Namen Bert-rand de Got Erzbischof von Bordeaux, sich in Lyon krönen ließ und nicht mehr in Rom, sondern in Avignon Residenz nahm. Dieser fälschlich als Babylonische Gefangenschaft bezeichnete Aufenthalt der Päpste in Avignon sollte 70 Jahre dauern. Die vom König geforderte Verurteilung Bonifaz' VIII. wegen Häresie vermochte der sonst allzu hörige Papst doch abzuwenden. Was Clemens V. allerdings nicht verhindern konnte, waren König Philipps ungerechte Maßnahmen gegen den Orden der Templer, an dessen Geld und Besitz dem Herrscher vor allem gelegen war. Hauptsächlich gegen König Philipp IV. richtete sich Bonifaz' VIII. Hoheitsanspruch über Kirche und Welt, wie er ihn in der berühmten Bulle *Unam Sanctam* (1302) formuliert hat. Der Papst erklärt hier unmissverständlich, dass es nur eine einzige Kirche geben könne und dass der bedingungslose Gehorsam eines jeden Menschen gegenüber dem Papst zum ewigen Heil notwendig sei: »Der Glaube zwingt uns anzunehmen und festzuhalten, dass es nur eine heilige, katholische und apostolische Kirche gibt. Mit Standhaftigkeit glauben wir an sie und bekennen sie in Einfalt, sie, außer der es kein Heil noch Verzeihung der Sünden gibt (…). Dem römischen Papst untergeben zu sein, ist für alle Menschen unbedingt zum Heile notwendig: das erklären, behaupten, bestimmen und verkündigen wir.« Was das Verhältnis zwischen Papsttum und Kaisertum betraf, stand für Bonifaz VIII. fest, dass der Papst über beide Gewalten verfügt, über die geistliche ebenso wie über die weltliche. Das weltliche »Schwert« habe er den Königen übergeben, damit sie es auf seinen Wink (*ad nutum*) gebrauchen. König Philipp IV. reagierte auf diese Provokation, indem er französische Soldaten ein Attentat auf den Papst verüben ließ. Bonifaz VIII. kam zwar mit dem Leben davon, starb aber wenige Wochen später als ein körperlich und seelisch gebrochener Mann.

Ein äußeres Zeichen für den universalen Herrschaftsanspruch Bonifaz' VIII. war die dreifache Papstkrone (*Tiara*), die er auf das biblische Maß von einer Elle erhöhen ließ. Dem entsprach der florentinische Künstler Arnolfo di Cambio, indem er eine steinerne Statue schuf, die Bonifaz VIII. als *Vicarius Christi* auf einem Thron sitzend und mit einer ungewöhnlich hohen Tiara auf dem Haupt darstellt. Die in Avignon residierenden Päpste schadeten ihrer ohnehin schon geminderten Autorität zusätzlich durch ein an Raffinement kaum noch zu überbietendes Finanzsystem.

Die Apostolische Kammer als wichtigste Behörde der Kurie regelte die Zuteilung kirchlicher Ämter, Lehen und Pfründen neu und ließ sich deren Vergabe durch eine Vielfalt von Gebühren, Honoraren und Taxen reichlich vergelten.

Das Ringen zwischen *Imperium* und *Sacerdotium*, zwischen weltlicher und geistlicher Macht, erreichte im Mittelalter einen letzten dramatischen Höhepunkt unter Kaiser Ludwig IV., genannt Ludwig der Bayer. Als deutscher König ließ Ludwig sich nicht vom Papst in Avignon, sondern vom römischen Volk zum Kaiser krönen. Er gewährte Papstgegnern wie Marsilius von Padua, dem Verfasser des *Defensor pacis*, einer revolutionären Kampfschrift gegen das mittelalterliche Papsttum, und dem englischen Franziskaner Wilhelm von Occam Schutz in München, seiner Residenzstadt. Weil seine Kaiserkrönung ohne päpstliche Zustimmung erfolgt war, geriet Ludwig mit Johannes XXII. in Streit, der ihn bald exkommunizierte. Als der König daraufhin den Papst zum Ketzer erklärte, reagierte dieser mit der Absetzung des Königs. 1328 zog »der Bayer«, wie Johannes XXII. ihn kurz und respektlos nannte, nach Rom, empfing vom Stadtpräfekten Sciarra Colonna im Namen des römischen Volkes die Kaiserkrone, sprach dem Papst die Rechtmäßigkeit ab und erhob den Franziskaner Pietro Rainalducci zum neuen Papst mit Namen Nikolaus V. Doch dieser vermochte sich als Gegenpapst nicht durchzusetzen. 1346 wählten die Kurfürsten an Stelle Ludwigs IV. als neuen König Karl IV. Ludwig aber regierte ungeachtet dessen weiter, bis er 1347 in der Exkommunikation verstarb.

Nach der Synode von Pisa (1409), die Alexander V. zum neuen Papst wählte, erhoben drei Päpste gleichzeitig Anspruch auf Rechtmäßigkeit. Als Retter des Papsttums in hoffnungsloser Lage erwies sich jetzt der römisch-deutsche König und spätere Kaiser (seit 1433) Siegmund mit seinem Einsatz für das Allgemeine Konzil von Konstanz (1414 – 1418). Die Konzilsväter legitimierten sich mit dem Dekret *Haec sancta synodus* (1415) als höchste Instanz der Kirche und wählten 1417 Kardinal Odo Colonna zum neuen Papst, der sich Martin V. nannte. Mit ihm ging das Papstschisma nach vier Jahrzehnten zu Ende.

Für das zu allen Zeiten theoretisch wie praktisch schwierige Verhältnis zwischen Kirche und Staat meinte Martin Luther mit seiner Lehre von den zwei Regimentern eine hilfreiche Lösung gefunden zu haben. Der Reformator bestand auf der Autonomie des weltlichen Bereichs. Weil aber die Bischöfe, die schon seit Kaiser Konstantin dem Großen auch weltliche Aufgaben zu erfüllen hatten, ihre kirchlichen Pflichten vernachlässigten, dehnten weltliche Fürsten ihre Kompetenz auf das Gebiet der Kirche aus. Dies führte im 16. und 17. Jahrhundert zu einem neuen Staatskirchentum, das sich in der gallikanischen Kirche Frankreichs und im josephinischen Kirchenregiment Österreichs am stärksten ausprägte. Vor allem in den österreichischen Erblanden und im Kurfürstentum Bayern, aber auch in Frankreich verlor die Kirche ihre Selbständigkeit an die staatliche Obrigkeit. Den Aktivitäten der absolutistischen Herrscher, die Kirche unter die staatliche Oberhoheit zu zwingen, standen die päpstliche Kurie und die Bischöfe der jeweiligen Länder nahezu machtlos gegenüber. So trat Papst Clemens XIV. mit der Auflösung des Jesuitenordens 1773 derlei staatskirchlichen Tendenzen ungewollt entgegen. Die 1789 in Frankreich ausgebrochene Revolution richtete sich anfangs weder gegen den Papst noch gegen die Kirche, obwohl der höhere Klerus zusammen mit dem Adel – die Bischofsstühle waren fast ausschließlich mit Adeligen besetzt – seit Jahrhunderten die Hauptstütze des *Ancien Regime* gebildet hatte. Wegen dieser Verflechtung von Kirche und Staat in den obersten Rängen zielten die Aufstände des Bürgertums, des nach Adel und Klerus »Dritten Standes«, bald auch auf die Institution Kirche. Der niedere Klerus solidarisierte sich in der Nationalversammlung aus politischen und wirtschaftlichen Gründen mit den Bürgern. Dass die konstituierende Versammlung den Klerus in der Zivilkonstitution des Klerus (1790) vom Staat und den Kommunen weithin abhängig machte, rief den Protest von Papst Pius VI. hervor. Die Situation verschlimmerte sich noch, als die Nationalversammlung allen Klerikern einen Eid auf die Zivilkonstitution abverlangte. Ungefähr die Hälfte des niederen Klerus und einige Bischöfe verweigerten den Eid und wurden deshalb zu Tausenden hingerichtet. Etwa 30000 Priester entschlossen sich zur Emigration.

Nachdem französische Truppen 1798 den Kirchenstaat in Italien und die Stadt Rom besetzt hatten, sah sich Papst Pius VI. gezwungen, die »Heilige Stadt« zu verlassen. Er starb als Gefangener Napoleons am 29. August 1799 in Valence. Bezeichnend für die kirchenfeindliche Mentalität der Revolutionäre war, dass der Stadtpräfekt den Totenschein für den Papst auf den »Bürger Braschi, von Beruf Pontifex« ausstellte.

Der jahrelange Konflikt der französischen Regierung mit dem Papsttum endete 1801 mit dem Abschluss eines Konkordats zwischen Papst Pius VII. und dem Ersten Konsul Napoleon, das jedoch der Kirche wegen der von Napoleon wenig später eigenmächtig erlassenen 77 Organischen Artikel zusätzliche Nachteile brachte. Pius VII. nahm erst nach längerem Zögern die Einladung Napoleons zur Kaiserkrönung in der Kathedrale Notre-Dame zu Paris am 2. Dezember 1804 an, da er sehr wohl wusste, dass dieser Akt einen offenen Affront gegen den wirklichen Kaiser Joseph I. in Wien darstellen musste. Der Papst salbte den Kaiser, der sich selbst ernannt hatte, und seine Gemahlin Josephine und segnete auch die Krone. Doch dann ergriff Napoleon die Krone und setzte sie seiner Gemahlin auf das Haupt, sich selbst krönte er mit einem Lorbeerkranz.

Einige Jahre später besetzten Napoleons Truppen ein weiteres Mal den Kirchenstaat. Sie nahmen Pius VII. im Quirinalpalast gefangen und deportierten ihn nach Savona. Weil der Papst nicht bereit war, auf den Kirchenstaat zu verzichten, erklärte Napoleon das Konkordat von 1801 für ungültig. 1812 brachte man den Papst von Savona nach Fontainebleau. Dort nötigte ihn der Kaiser zu einem Konkordat, das den Interessen der Kirche wiederum zum Schaden gereichte. Erst nachdem Napoleon militärisch besiegt worden war und auf die Macht verzichtet hatte, endete der Zweikampf zwischen Papst und Kaiser mit einer triumphalen Heimkehr des Papstes nach Rom.

Kaiser Ludwig der Bayer, gestorben 1347, Grabmal in der Münchener Frauenkirche.

wenn sie nicht von Gott geoffenbart wären, nicht bekannt werden könnten«. Das Konzil hob hervor, »dass Gott, der Ursprung und das Ziel aller Dinge, mit dem natürlichen Licht der menschlichen Vernunft aus den geschaffenen Dingen mit Gewissheit erkannt werden kann«.

Das zweite Hauptthema betraf das Wesen der Kirche. Auf Drängen vieler Konzilsväter wurde der vorgelegte Entwurf über die Kirche nicht zu Ende behandelt, sondern das spezielle Problem der Unfehlbarkeit des päpstlichen Lehramtes mit ausdrücklicher Billigung des Papstes vorgezogen. Bei den mit ungewöhnlich großer Leidenschaft geführten Debatten bildeten sich schnell zwei gegensätzliche Parteien.

Während die Mehrheit der Bischöfe für eine bedingungslose Unfehlbarkeit des Papstes eintrat, suchte die Minderheit, darunter viele deutsche, österreichisch-ungarische und französische Prälaten, eine dogmatische Definition entweder ganz zu verhindern oder wenigstens mit genauen Bedingungen zu versehen. Am Ende einigte man sich auf eine Kompromissformel, die im Grunde bis heute widersprüchliche Interpretationen zulässt: »Wenn der römische Bischof in höchster Lehrgewalt (*ex cathedra*) spricht, das heißt, wenn er seines Amtes als Hirte und Lehrer aller Christen waltend in höchster, apostolischer Amtsgewalt endgültig entscheidet, eine Lehre über Glauben oder Sitten sei von der ganzen Kirche festzuhalten, so besitzt er auf Grund des göttlichen Beistandes, der ihm im heiligen Petrus verheißen ist, jene Unfehlbarkeit, mit der der göttliche Erlöser seine Kirche bei endgültigen Entscheidungen in Glaubens- und Sittenlehren ausgerüstet haben wollte. Diese endgültigen Entscheidungen des römischen Bischofs sind daher aus sich und nicht auf Grund der Zustimmung der Kirche (*non autem ex consensu ecclesiae*) unabänderlich.« Verhängnisvoller noch als diese Definition wirkte die als Kirchenbann gefasste Aussage über den Rechtsprechungsprimat des Papstes: »Wer sagt, der römische Bischof besitze lediglich das Amt der Aufsicht bzw. Leitung, nicht aber die volle und höchste Jurisdiktionsvollmacht über die gesamte Kirche, nicht nur in Angelegenheiten, die den Glauben und die Sitten, sondern auch in solchen, die die Disziplin und Leitung der auf dem ganzen Erdkreis verbreiteten Kirche betreffen; oder er habe nur einen größeren Anteil, nicht aber die ganze Fülle dieser höchsten Vollmacht; oder die-se seine Vollmacht sei nicht ordentlich und unmittelbar sowohl über alle und die einzelnen Kirchen als auch über alle und die einzelnen Hirten und Gläubigen: der sei mit dem Anathema belegt.«

Eigenständigkeit und Eigenverantwortung der Diözesanbischöfe wurden zwar von den Konzilsvätern bestätigt, fanden aber eine deutliche Grenze an dem von der Kurie und den päpstlichen Nuntien praktizierten zentralistischen Kirchenregiment, das in der neuscholas-tisch-»römischen« Theologie eine kräftige Stütze fand. Der Schweizer Theologe Hans Urs von Balthasar (1905 – 1980), der sich weder als kritikloser Papstbewunderer noch als maßloser Papstkritiker einordnen lässt, beschrieb die mit den Dogmen des Erste Vatikanischen Konzils verbundene Problematik treffend: »Die Geschichte der Kirche scheint spätestens mit dem I. Vaticanum in eine ausweglose Sackgasse geraten zu sein. Eine solche Herausstellung der nackten Autorität des Papstes in einem Zeitalter, das sich immer mehr als *Freiheitsgeschichte* der Menschheit versteht, und zwar einer Autorität, die durch keine freigebende Begleitung geprägt, umhüllt, abgeschützt wird, erscheint unerträglich. Nimmt man die Methoden hinzu, in denen diese Autorität sich praktisch darzustellen pflegt (im Grunde unverändert vom Mittelalter zur Neuzeit), nimmt man die Ereignisse um den Modernismus, den Sieg des Thomismus, die Verfolgung der angeblichen Nouvelle Théologie hinzu, noch über das I. Vaticanum hinaus, vielleicht gar im Zuge seines Sieges, so erscheint der durchlaufene Weg wie ein unaufhaltsames Crescendo, von dem man nur schwer sagen kann, zu welchem Zeitpunkt es dem Ohr vollends unerträglich wird, und der zum Zuhören Gezwungene schreit: Jetzt aber Schluss!« In einem anderen Buch bezeichnete derselbe Autor das Erste Vatikanische Konzil kurz und bündig als einen »Betriebsunfall«.

Die absolutistische Stellung des Papstes wirkte sich nicht bloß in der Leitung der Ortskirchen (Bistümer) durch die päpstliche Kurie übel aus, sie fand auch im Gesetzbuch der Kirche, dem *Codex Iuris Canonici* (can. 217 und 333) von 1917 und auch noch in der revidierten Fassung von 1983 ihren Niederschlag.

Ex Cathedra und Unfehlbarkeit

Ein Wort des Papstes in Fragen der Glaubens- oder der Sittenlehre, ex cathedra gesprochen, das heißt in seiner Vollmacht als Lehrer und Hirte der Gesamtkirche, gilt als unfehlbar verkündete Lehrentscheidung und beansprucht von den Gläubigen unbedingten Gehorsam. Seit dem vom Ersten Vatikanischen Konzil beschlossenen Dogma der Unfehlbarkeit des Papstes (1870) ist eine solche Lehrentscheidung des Papstes auch ohne Zustimmung der Gesamtkirche oder des Bischofskollegiums gültig. Nur einmal hat ein Papst seit 1870 von dieser Vollmacht Gebrauch gemacht: Papst Pius XII. verkündete 1950 das Dogma von der leiblichen Aufnahme Mariens in den Himmel.

Die unfehlbare Entscheidung des Papstes setzt aber nach heutiger Theologie den Konsens der Gesamtkirche voraus und bestätigt eine geltende Regel mehr, als dass sie eine neue erlässt. Sie ist nach kirchlicher Lehre eingebettet in die Unfehlbarkeit der Gesamtkirche, der Konzilien und des Bischofskollegiums und gründet in dem Glauben, dass die Kirche in der Geschichte vom Heiligen Geist so geleitet und geführt wird, dass ein Abgleiten in Irrtum und Häresie ausgeschlossen ist.

Das 2. Vatikanische Konzil

08

Gottesdienst mit Papst Paul VI. zum Abschluss des 2. Ökumenischen Konzils am 8. Dezember 1965 in der Peterskirche

Aufbruch der Kirche in die moderne Zeit

Die Konzilspäpste Johannes XXIII. und Paul VI.

Nach dem langen Pontifikat Pius' XII. (1939 – 1958) bahnte sich mit Johannes XXIII. (1958 – 1963) ein plötzlicher Wandel in der römisch-katholischen Kirche an, freilich weniger in der offiziellen Glaubenslehre als vielmehr in der menschlichen Atmosphäre, weshalb dieser Papst auch *„il papa buono"* apostrophiert wird. Den erst mit 78 Jahren zum *Summus Pontifex* gewählten Patriarchen Giuseppe Roncalli von Venedig beseelte nur ein Wunsch: der Kirche zu „einem Sprung nach vorne" zu verhelfen, um sie zeitgemäß – dafür sein berühmt gewordenes Wort *aggiornamento* – erscheinen und handeln zu lassen. Das vielleicht größte Verdienst dieses Papstes um die Kirche besteht darin, dass er nur wenige Monate nach seinem Amtsantritt bei einem Gottesdienst in der Basilika *S. Paolo fuori le mura* ein ökumenisches Konzil ankündigte und damit die anwesenden Bischöfe und Kardinäle in großes Erstaunen versetzte. Er schrieb diesen „Einfall" einer plötzlichen Eingebung des Heiligen Geistes zu und gab gleichzeitig zu erkennen, dass er bereit war, spontanen Eingebungen „von oben" auf der Stelle Folge zu leisten.

Der Bonner Theologieprofessor Joseph Ratzinger, der Papst Benedikt XVI. werden sollte, bedauerte in den Jahren vor dem Konzil, dass der Kirche der längst fällige Anschluss an die moderne Zeit und Welt immer noch nicht gelungen sei: „Wir müssen uns endlich eingestehen, dass das Christentum in der seit Jahrhunderten konservierten Form bei uns im Grunde nicht besser verstanden wird als in Asien oder Afrika. Es ist nicht nur dort fremd, sondern auch bei uns, weil ein Schritt ausgefallen ist: der vom Mittelalter zur Neuzeit. Das Christentum lebt gerade auch bei uns selber nicht in unserer eigenen, sondern in einer

Wichtige Konzilstheologen:

Henri Kardinal de Lubac (1896 – 1991), französischer Theologe, Jesuit

*Hans Küng (*1928), Schweizer Theologe, katholischer Priester*

Yves-Marie-Joseph Congar (1904 – 1995), französischer Theologe, Dominikaner

Karl Rahner (1904 – 1984), deutscher Theologe, Jesuit

*Joseph Ratzinger (*1927), 2005–2013 Papst Benedikt XVI.*

Edward Schillebeeckx (1914–2009), holländischer Theologe, Dominikaner

Papst Johannes XXIII. auf der Sede gestatoria (Tragstuhl) in der Peterskirche

Kirchen
Museen
Paläste

2000 Jahre
Kunst im Vatikan

In der Schlacht an der Milvischen Brücke besiegt Konstantin der Große im Jahr 312 den Gegenkaiser Maxentius, nachdem ihm in einer Kreuzesvision eine Stimme zugerufen haben soll: »In hoc signo vinces!« (in diesem Zeichen wirst du siegen!), Gemälde von Pieter Lastmann, 1613.

Die Papstkrypta in den Katakomben von S. Callisto. 19 Bischöfe bzw. Päpste des 3. Jahrhunderts sind hier beigesetzt, ein sichtbares Zeichen für die Kontinuität des Bischofsamtes und der Apostelnachfolge. Die Altarinschrift von Papst Damasus I. huldigt den »Körpern der Heiligen«, die hier begraben sind.

die Wand gemalte testamentarische Verfügung, wonach die Erben des Verstorbenen den Grabbau an ebendieser Stelle neben dem Zirkus des Nero errichten sollten. Die Anlage des Zirkus wurde zum Teil bei den von Engelbert Kirschbaum (1902 – 1970) in den Jahren 1940 bis 1949 vorgenommenen Grabungen gefunden. Die *Carceres*, also die Boxen, aus denen die Rennwagen starteten, befanden sich hinter den südlichen Kolonnaden des Petersplatzes. In dieser Anlage von ungefähr 300 Metern Länge sind um 64 n. Chr. zahlreiche Christen, zu denen vermutlich auch Petrus zählt, auf Veranlassung von Kaiser Nero umgebracht worden. Auf dem Grabungsplan ist in unmittelbarer Nähe des Circus Neronis ein Tropaion eingezeichnet. Die Grabung bestätigte die Annahme der frühen römischen Christen, dass Petrus nach seinem Märtyrertod hier bestattet worden sei. Um die Mitte des zweiten Jahrhunderts hat die christliche Gemeinde an der Stelle, über der sich heute der Papstaltar Berninis in St. Peter erhebt, die Lage des Grabes des Apostelfürsten angenommen. Die Ausgräber um den Jesuiten Engelbert Kirschbaum fanden den Bezirk, in dem vornehmlich arme Leute in einfachen, oft nur mit Ziegeln abgedeckten Bodengräbern bestattet worden waren. Dieser Bezirk ist im Laufe des zweiten Jahrhunderts zunehmend mit aufwändiger und kostbarer Memorialarchitektur überbaut worden, die reiche Freigelassene und Angehörige der begüterten

Kaiser Konstantin der Große (280 – 337), Kopf einer Kolossalstatue aus der Konstantinbasilika, 330 n. Chr.

Mittelschicht Roms sich errichten ließen. Christen fügten damals in eine aus der Mitte des zweiten Jahrhunderts stammende Stützmauer, die das Gräberfeld durchzog, eine mit einem kleinen Giebel geschmückte Nische ein. Sie sollte die Erinnerung an den Apostel wachhalten. Man fürchtete, dass das Armeleutegrab durch die zunehmende Überbauung in Vergessenheit geraten könnte. Dieses sehr bescheidene Denkmal hat dann Kaiser Konstantin kostbar mit Marmor auskleiden lassen. Eine in den Mauerputz gekratzte griechische Inschrift neben dem Tropaion soll, wenn man sie richtig entziffert hat, »Petros eni« lauten: Da ist Petrus drin. Dies wäre ein weiterer Hinweis auf die frühe Petrusverehrung.

Wir können festhalten, dass die Sorge der christlichen Gemeinde Roms einem Monument galt, das bis in das vierte Jahrhundert hinein Garant einer Tradition war, wonach an dieser Stelle Petrus bestattet ist. Diese Traditionspflege hängt auch mit der Suche der einzelnen christlichen Gemeinden nach einem Gründungsvater zusammen, der immer möglichst ein Apostel oder zumindest ein Apostelschüler sein sollte. Dies spielte bei der Rangfolge und dem Ansehen der einzelnen Gemeinden eine nicht zu unterschätzende Rolle. Die römische Christengemeinde führte mit diesem Tropaion ihre an das Petrusgrab anknüpfende hohe Rangstellung allen sichtbar vor Augen.

Die Engelsbrücke / Hadriansbrücke (Pons Aelius) führt über den Tiber in Rom zur Engelsburg (Castel Sant'Angelo), dem ursprünglichen Mausoleum Kaiser Hadrians.

02 Eine Markthalle als Heiligtum

Ansicht des nördlichen Seitenschiffs der Maxentius- oder Konstantinbasilika auf dem Forum Romanum. Der Bau der Basilika wurde 307 von Maxentius begonnen und 337 von Kaiser Konstantin eingeweiht.

Die frühchristliche Basilika Alt-St. Peter

Unter dem Pontifikat von Papst Silvester I. (314 – 335) wurde 314/15 die Errichtung einer großen Basilika über dem Tropaion des heiligen Petrus beschlossen, aber nicht vor 317/18 mit dem Bau begonnen, wie die entsprechenden Münzfunde in der Nekropole belegen. Die Landschenkungen an die Basilika zum Unterhalt der dort beschäftigten Kleriker konnten auch erst nach Konstantins Sieg über Licinius 324 erfolgen, so dass von einem Baubeginn um 324 auszugehen ist. Die Bauvollendung mag sich bis kurz vor die Regierungszeit des Papstes Liberius (352 – 366) hingezogen haben, denn erst dieser Papst nahm die Basilika in Besitz. Im Gegensatz zu vielen sonst bekannten Gedächtnis- oder Memorialkirchen, in denen das verehrte Grabmal unter der Erde in den Katakomben lag, bezog man hier das Tropaion in die Apsis des Kirchenbaus sichtbar mit ein. Wegen des nach Süden steil abfallenden Geländes mussten dafür bis zu zehn Meter hohe Stützmauern errichtet werden, wollte man auf diese Weise das Denkmal in den Mittelpunkt der Verehrung der Christen rücken. Der Bau war 119 Meter lang, 64 Meter breit und besaß fünf Schiffe. Der Apsis war ein mächtiges Querhaus mit einer Länge von 90 Metern vorgelagert. Die Peterskirche war um ungefähr ein Drittel größer als die Bischofskirche von Rom, die ebenfalls fünfschiffige Lateranbasilika. Wegen der Lage des Petrusgrabes war entgegen den Vorstellungen Gregors von Nyssa beispielsweise die Peterskirche nach Westen ausgerichtet. Die Raumform der Basilika wurde nicht aus liturgischen oder religiösen Gründen gewählt. Sie ist aus der Entwicklung der römischen Architektur der Zeit zu erklären. Basilika heißt »die Königliche«, doch verband man damit in der Spätantike keinen Bedeutungsinhalt mehr. Man bezeichnete damit eine von Säulen und Pfeilern getragene Halle, die meist an Foren oder Märkten lag, wie etwa die unter Kaiser Augustus (30 v. Chr. – 14 n. Chr.) erneuerte Basilika am Forum Romanum. Bei ungünstiger Witterung diente sie der Veranstaltung der sonst im Freien abgehaltenen Märkte, dem Handelsverkehr, Versteigerungen und

»S. Paolo fuori le Mura«, Atrium und Westfassade der nach St. Peter größten Kirche Roms. Sie stammt aus dem 4. Jahrhundert. Nach dem Brand von 1823 wurde sie originalgetreu wiedererrichtet.

Warenverkauf, aber auch politischen Zusammenkünften und militärischen Zwecken. Audienzen der Kaiser und der Palastbeamten fanden hier statt. Auch Hochzeiten vermögender Juden sind bezeugt, so dass man den Vergleich mit einem Bürgerhaus unserer Tage ziehen kann. Ihre ursprüngliche Baugestalt bestand in einer Säulenhalle, die in einfacher oder doppelter Reihung den Markt griechischer Städte umgab. Der Name leitet sich von der Agora in Athen ab, wo auf dem Staatsmarkt eine Stoa basilike, also eine königliche Säulenhalle, errichtet worden war, in der sich der Amtssitz des geschäftsführenden Beamten, des Archon Basileus befand, der neben politischen auch kultische Funktionen wahrzunehmen hatte.

Basilika

basilikos, griech.; Königs-, königlich

In der römischen Baugeschichte wurde der Begriff Basilika erstmals für die 184 v. Chr. auf dem Forum Romanum erbaute Basilica Porcia verwendet. Die römische Basilika war meist eine Halle mit überhöhtem Mittelschiff und ringsum oder seitlich an den Langseiten entlang laufenden Seitenschiffen. Die Bezeichnung Basilika wurde im vorchristlichen Rom auf Zweckbauten unterschiedlichster Art angewandt. Während in der Basilica Argentaria wohl Geldgeschäfte abgewickelt wurden, diente die Basilica Exercitoria eher militärischen Zwecken. Die Bezeichnung Basilica cum tribunali verweist auf die juristische Funktion des Bauwerks. Eine Basilika konnte eine Sport- oder Badeanlage, vereinzelt auch ein Kultort sein (Basilica Neptuni). Der gemeinsame Nenner aller Basiliken liegt in der Privilegierung, die sie für Amtshandlungen und Rechtsgeschäfte geeignet machte, als Börse für konzessionierte Geldaktionen ebenso wie als Markthalle für den behördlich geregelten Warenaustausch. Erst am Ende einer langen Entwicklung deckte sich der Name Basilika mit einer bestimmten Bau- und Raumform.

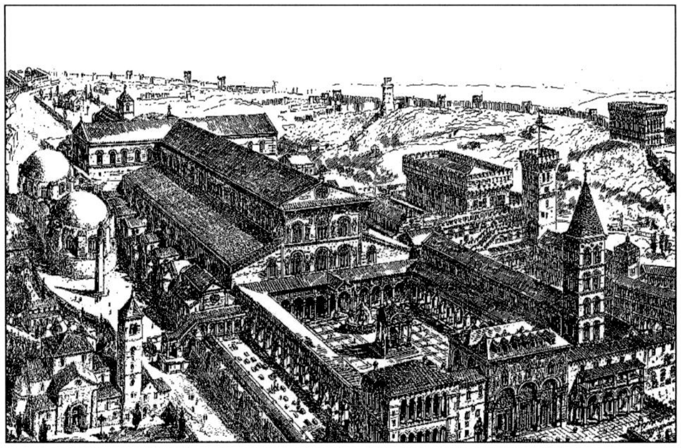

Die Zeichnung der konstantinischen Basilika von St. Peter zeigt die Bausubstanz zwischen 1483 und 1506.

Römische Baumeister schließlich gestalteten die Basilika meist als großen Hallenbau und ordneten deswegen die Säulen im Rechteck an, wie die Basilika Aemiliana eindrucksvoll belegt. So entstand der oblonge Säulensaal mit einem Umgang. Die Längsseite grenzte dabei an das Forum Romanum. Die Lichtführung erfolgte durch Öffnungen in der Säulenstellung des Mittelschiffs, das den eingeschossigen Umgang meist um das Doppelte überragte. Die Eingänge befanden sich an den Längsseiten. Fester Bestandteil waren die Apsiden an den Schmalseiten, in denen sich in der Spätantike häufig die Kultstatuen der vergöttlichten Kaiser befanden, wie es bei der Basilika in Tipasa beispielsweise belegt werden konnte. Die Raumnische hat mit der direkten Raumnutzung nichts zu tun. Was die Basilika als Gottesraum der Christen geeignet erscheinen ließ, war weniger eine spezifische liturgiegemäße Gestalt als vielmehr die Tatsache, dass diese Bauform ausschließlich profanen Charakter hatte und zu keinem Zeitpunkt im Zusammenhang mit einem nichtchristlichen Kult gestanden hatte. Als Versammlungsraum war die Basilika erprobt. Am Beispiel der nach 307 errichteten Maxentiusbasilika, die erst unter Kaiser Konstantin 337 vollendet wurde, kann der profane Charakter des Bauwerkes nachgewiesen werden: Sie zeigt eine Hallenanlage, wie sie in der römischen Architektur von den Thermen her bekannt ist. Sie enthält riesige Kreuzgratgewölbe und ist dreischiffig mit quer liegenden Tonnen ausgestattet, welche die Seitenschiffe überspannen. Diese Basilika besaß ein Querhaus und eine Apsis, die ohne weiteres in eine christliche Basilika übernommen werden konnten, da sie den Raum nach den unterschiedlichen Bedeutungen seiner Teile sinnvoll gliederten.

In der Mitte des Querschiffs von Alt-St. Peter erhob sich das nunmehr kostbar ausgeschlagene und mit einem Baldachin überhöhte Grabmonument des Apostelfürsten. Die Säulen waren in sich gedreht und besaßen reliefiertes Weinrankenornament. Zwei weitere Säulen dieses Typus trugen einen Architrav und schlossen die verehrte Stätte als heiligen Bezirk gegenüber der dahinter liegenden Apsis ab. Die Säulen fanden zu ihrer Zeit ungeheure Bewunderung und galten im Mittelalter als Säulen vom Tempel Salomos. Sie wurden später beim Bau von Neu-St. Peter als Ädikulen (Wandnischen) rahmende Säulen an den Stützpfeilern im ersten Geschoss der Vierung wiederverwendet und inspirierten Bernini zu den gedrehten Baldachinsäulen. Die ursprünglich vorhandene Stützmauer ließ Kaiser Konstantin abbrechen. So wurde der Baldachin zum sichtbaren Mittelpunkt für die Wallfahrer. Vor dem Monument dürfte ein beweglicher Altar gestanden haben. Die seitlichen Arme des Querhauses erhöhten durch die Überkreuzung der Baukörper die Wirkung der verehrten Stätte. Die fünfschiffige Langhausanlage in Verbindung mit dem Querhaus diente den bald einsetzenden Pilgerströmen.

Im späten 4. Jahrhundert erhielt die Apsis ein Mosaik, das Christus neben Petrus und Paulus zeigte, eine Darstellung der *Traditio legis*, der Übergabe der Gesetzesrolle des Neuen Bundes an Petrus und Paulus. Darunter waren in einem Streifen Bethlehem und Jerusalem dargestellt, ferner Lämmer, die zum Lamm auf dem Thron eilen. Dieser wurde flankiert durch Figuren des damaligen Papstes und der Tyche, des personifizierten Sinnbildes der Stadt Rom. Die Basilika St. Peter wurde schon im 5. Jahrhundert zu einem der Zentralheiligtümer der Christenheit. So existieren zahlreiche Pilgerberichte über Gottesdienste in der Peterskirche. Man nutzte für die Eucharistiefeier demnach das Mittelschiff, während der Apsisbereich unter Papst Gregor dem Großen (590 – 604) umgestaltet worden war. Er ließ den Fußboden so weit erhöhen, dass das Monument auf einem Podium erhöht aufgestellt und von den Pilgern in einer Prozession umschritten werden konnte. So entstand durch die Umgänge und Durchgänge unter diesem Podium eine Art Vorläufer der Ringkrypten. Die Mittelschiffwand zeigte Säulen mit Architraven, während die äußeren Säulen Archivolten trugen. In den Sargwänden am Obergaden sind Mosaikzyklen überlie-

Überreste der Maxentius- oder Konstantinbasilika auf dem Forum Romanum

fert, die unter Papst Leo dem Großen (440 – 461) ebenfalls im 5. Jahrhundert entstanden waren. 16 Szenen aus dem Alten Testament sind uns in frühneuzeitlichen Zeichnungen überliefert.

Unbekannt dagegen ist die Art der Abdeckung des Dachstuhls im Kircheninneren. Vermutlich konnte man in das offene Gebälk blicken, wenn man ein Fresko in den Grotten von St. Peter als getreue Abbildung versteht. Es

Barocke Fassade der Basilika S. Giovanni in Laterano

gibt den Raumeindruck dieser 32 Meter hohen Basilika mit ihren elf Meter hohen Säulenstellungen wieder. Der Architrav war ungefähr drei Meter hoch und besaß einen eigenen Laufgang, der zum Entzünden der Lampen notwendig war. Säulen wie Architrave waren Spolien, das heißt, sie stammten von abgebrochenen älteren Gebäuden und wurden an dieser Stelle wiederverwendet. Variabilität und Formenvielfalt traten in diesem Falle an die Stelle einer durchgängig konzipierten Säulenordnung. Dies ist für die Spätantike charakteristisch. Das bunte Bild mit unterschiedlichen Arten von Marmor und sonstigen Steinen, aus denen die Säulen gehauen waren, ergänzten Stuckrahmen, deren Innenfelder einst Mosaiken zierten. Der Altar hat wahrscheinlich aus vergoldetem Silber bestanden. Wegen der Pilger wurde auch im Osten ein Atrium angelegt. Vor der Toranlage zog sich eine Säulenhalle hin. All diese Dinge mussten auf den Besucher einen unauslöschlichen Eindruck gemacht haben. Und so ist es nicht verwunderlich, dass die am Rande der Stadt gelegene Basilika bald als ein neuer Mittelpunkt Roms verstanden wurde. Was bei St. Peter dargelegt werden konnte, wenn auch nur in sehr groben Umrissen, kehrt bei der römischen Bischofskirche S. Giovanni in Laterano wieder. Sie war als ebenfalls fünfschiffige konstantinische Basilika, nur ohne Querhaus, errichtet. Das Gebäude erhebt sich an einer Stelle, die einst der christlichen Familie der Laterani gehörte, kam im 3. Jahrhundert in den Besitz des Kaiserhauses und wurde nach dem Sieg Konstantins an der Milvischen Brücke dem Bischof von Rom, Melchiades (311 – 314), geschenkt. Hier residierten die römischen Päpste bis zur Verlegung ihrer Residenz nach Avignon, und noch heute befindet sich hier der römische Bischofssitz. Nach ihrer Rückkehr aus Avignon bezogen die Päpste den Vatikanischen Palast bei St. Peter.

In dem heute die Basilika S. Giovanni flankierenden, unter Papst Sixtus V. (1585 – 1590) errichteten Palast hat niemals ein Papst gewohnt. Die Kirche hatte ursprünglich ein Salvatorpatrozinium. Das Innere der Kirche präsentiert sich heute in dem von Francesco Borromini (1599 – 1667) geschaffenen und von Papst Innozenz X. (1644 – 1655) angeordneten Zustand. Die einst 14 Arkaden des Mittelschiffs wurden auf fünf reduziert und zwischen riesige Pilaster gespannt. Die äußere Gestalt wurde auf Grund des Wettbewerbs, den Papst Benedikt XIII. (1724 – 1730) ausgeschrieben hatte, im Jahr 1730 von Alessandro Galilei (1691 – 1736) geschaffen.

Ein Kaiserbegräbnis für den Papst

03

Das Detail des Grabmals von Papst Julius II. (1503 – 1513) zeigt das Kopfprofil der Liegefigur. Die Skulptur entstand um 1545 und stammt von Maso del Bosco.

Die Ausstattung von Alt-St. Peter als Verkörperung der mittelalterlichen Papstidee

Bis zum Pontifikat von Papst Julius II. (1503 – 1513) erhielt der von der Apsis bis zur Freitreppe 234 Meter lange frühchristliche Bau von St. Peter mehrere Anbauten von Kapellen und Mausoleen. Ein Campanile wurde an der Front des Atriums errichtet. Im Mittelpunkt des Vorhofes befand sich eine Brunnenanlage mit einem antiken Pinienzapfen (*pigna*) als Wasserspender unter einem reich verzierten Säulentabernakel, der von zwei bronzenen Pfauen bekrönt war. Er wurde nach Vollendung des Neubaus von St. Peter in den nach ihm benannten *Cortile de la Pigna* vor den Nicchione versetzt; die Pfauen wurden den Vatikanischen Museen übergeben und an der Brunnenanlage durch Kopien ersetzt. Während des 15. Jahrhunderts plante man eine eigene dreigeschossige Benediktionsloggia, die aber nur in den nördlichen Achsen vollendet wurde.

Als Papst Nikolaus V. (1447 – 1455) die Neugestaltung des Vatikanbezirkes veranlasste und Leo Battista Alberti (1404 – 1472) eine einheitliche Palastanlage entwerfen ließ, wurde Bernardo Rosselino (1409 – 1464) als *Ingeniere di Palazzo* mit dem Umbau der Apsiszone von Alt-St. Peter beauftragt. Er erneuerte die Grundmauern des Chorraums und die innere Rundung der Apsis, so dass von dem neuen Chorhaupt in gotischen Formen als »Rosselinochor« gesprochen wurde. Das Innere von Alt-St. Peter ist während des Mittelalters eindrucksvoll ergänzt worden. Teile dieser Ausstattung haben sich erhalten und wurden nach dem Bau von Neu-St. Peter ausgelagert. Dazu zählen in erster Linie zahlreiche Grabdenkmale und Sarkophage.

An der inneren Eingangswand von Alt-St. Peter stand das mit grünen Marmorplatten verzierte Grabdenkmal des 983 verstorbenen Kaisers Otto II. Sein Leichnam dürfte der zwischen dem 8. und 12. Jahrhundert befolgten Regel einer Erdbestattung entsprechend unter dem Fußbodenniveau beigesetzt worden sein. Seit 1609 ruhen seine

Gebeine in einem antiken geriefelten Strigilatsarkophag mit Adlerfüßen in den Grotten. Ein ovales Medaillon inmitten des Striegelfeldes enthält die Inschrift »Otto Secundus Imperator Augustus«.

Die für die Päpste ebenfalls im Frühmittelalter übliche Erdbestattung wurde erstmals bei der Beisetzung Papst Leos IX. (1049 – 1054) im Jahr seines Todes verändert. Dieses heute verlorene Grabmal wird in den zeitgenössischen Quellen als Sarkophag bezeichnet. Papst Innozenz II. (1130 – 1143) stellte jedoch ganz bewusst mit Blick auf Ost-Rom das Papstbegräbnis in die Tradition des antiken Kaiserbegräbnisses und veranlasste, dass er in dem Porphyrsarkophag Kaiser Hadrians (117 – 138) aus der Engelsburg beigesetzt wurde. Papst Anastasius IV. (1153 – 1154) wählte für sich den heute in den Vatikanischen Museen aufbewahrten Sarkophag des Constantius Chlorus (305 – 306), auch seit alters verehrt als der Sarkophag der heiligen Helena. Der aus Porphyr bestehende Sarkophag hob in der Repräsentation des Steinmaterials, der Monumentalität und des ehrwürdigen Alters den imperialen Anspruch des darin 1154 in der Nachfolge der antiken Kaiserin Helena bestatteten Papstes eindrucksvoll hervor. Durch die Usurpierung des Privilegs einer oberirdischen Bestattung konnten die Päpste in der Folgezeit auch demonstrieren, dass sie, wie bereits Gregor VII. (1073 – 1085) betont hatte, dank der Verdienste des heiligen Petrus als dessen rechtmäßig eingesetzte Nachfolger sich ohnehin den Heiligen zugehörig fühlen durften.

Das Grabmal, das sich Papst Bonifaz VIII. (1294 – 1303) von Arnolfo di Cambio (1245 – 1302/10), einem der wichtigen Neuerer der italienischen Skulptur, zu Lebzeiten um 1300 errichten ließ, zeigt die Gestalt des Papstes als *Gisant*, als Liegefigur mit geschlossenen Augen auf einer Tumba, mit fein ziseliertem Grabtuch und streng angeordneter Faltendraperie. Pilger, die im Jahr 1300 zum erstmals ausgerufenen Heiligen Jahr nach Rom kamen, fanden das Grab unter einem viersäuligen Baldachin vor. Die ruhende Papstgestalt wahrt auch im Tod die Würde des Amtes und demonstriert auf diese Weise die Fortdauer der päpstlichen Macht, die unter seinem Pontifikat ihren Höhepunkt im Mittelalter erreicht hatte. Beim Abbruch von Alt-St. Peter hielt man das Grab in einer Zeichnung fest, den *Gisant* ohne den Baldachin brachte man im 20. Jahrhundert in die Grotten von St. Peter.

Als Meisterwerk der römischen Plastik im letzten Drittel des 15. Jahrhunderts gilt das 1493 von Antonio di Jacopo Benci, genannt Pollaiuolo (1432 – 1498), geschaffene Bronzegrabmal für Papst Sixtus IV. (1471 – 1484). Fünf Jahre nach dem Tod des Papstes übertrug man den Katafalk in die Kapelle, die er selbst erbaut und für den Chordienst der Kanoniker bestimmt hatte. Heute hat es in den Grotten von St. Peter eine passende Aufstellung gefunden. Es nimmt eine Zwischenstellung zwischen traditioneller Grabplatte und so genanntem Freigrab ein. Stilistisch verbindet der Künstler antikisierendes Formengut mit anatomischem Realismus. Die Gestalt des Papstes ruht auf einer Tumba, sein greises Haupt mit den harten Gesichtszügen, den zusammengepressten Lippen und den knochigen Wangen wird von zwei Brokatkissen gestützt, während der Leib hinter den nervösen Gewandfalten der liturgischen Gewänder verschwindet. Die Liegefigur wird von den Personifikationen der sieben Tugenden umgeben. Auf den konkav geschwungenen Wänden des Deckelaufsatzes erscheinen die allegorischen Figuren der freien Künste, deren Förderer dieser Papst war. Darüber hinaus wurden die Allegorien am Grab in den Zusammenhang von Theologie und Philosophie gestellt, die den Ehrenplatz über dem Haupt des Verstorbenen einnehmen. So wird anhand dieses Zyklus deutlich, dass die freien Künste gemeinsam mit der Philosophie und der Gott schauenden Theologie das Amtsverständnis dieses Papstes verkörpern. Sie symbolisieren die Grundlagen eines universellen und vollkommenen Herrscherideals: Als Herrscher konnte der Papst für das ewige Leben wegen seiner Weisheit und Tugendhaftigkeit auf Erden ausreichende Verdienste sammeln und zugleich dem von ihm auf der Grundlage dieser Tugenden erneuerten Kirchenstaat im Sinne des von Augustinus entworfenen Gottesstaates seine Aufgabe als »himmlisches Jerusalem auf Erden« zuweisen.

Vollständig wurde aus Alt-St. Peter das 1493 begonnene und 1497 vollendete Grabmal von Papst Innozenz VIII. (1484 – 1492), ein Spätwerk von Antonio Pollaiuolo, in den Neubau übernommen und an einem Wandpfeiler aufgestellt, allerdings mit bedeutsamen Veränderungen gegenüber dem ursprünglichen Zustand. Dieses Grabmal hatte für die Ausprägung des Papstgrabes als eigenständiger Typus weit reichende Bedeutung. Der Papst erscheint zweimal. Als Thronender in *cathedra*, umgeben von vier Flachreliefs mit Darstellungen der Kardinaltugenden, hält er in seiner Linken die Speerspitze des heiligen Longinus empor. Diese kostbare Reliquie hatte er 1492 als persönliches Geschenk von Sultan Beyazit II. erhalten. Darunter wird er als Liegefigur auf dem Sarkophag dargestellt. Bei der Aufstellung in Alt-St. Peter war der Sarkophag auf einem Gesims über der Sitzfigur angebracht.

In der Lünette über der mittleren Arkade an der Außenwand der Vorhalle des heutigen Petersdoms befindet sich das 1674 hier angebrachte, barock überformte Navicellamosaik von Giotto di Bondone (1266 – 1337). Kardinal Jacopo Stefaneschi, Parteigänger von Papst Bonifaz VIII. (1294 – 1303), hatte es gestiftet, seine Datierung schwankt zwischen 1298 und 1320. In der Bildtradition der geschilderten Bibelstelle nach dem Matthäusevangelium (14, 22 – 33) stellt Giotto das Segelschiff mit den elf heftig gestikulierenden Aposteln in stürmischer See dar,

Grabmal Julius' II. in der römischen Kirche S. Pietro in Vincoli mit Michelangelos Skulptur des Moses

Kolossalstatue des Apostels Petrus vor der Fassade des Petersdoms. Skulptur, vor 1840, von Giuseppe de Fabris

während der Steuermann bemüht ist, das Ruder festzuhalten. Ein Jünger holt ein Segel ein, um buchstäblich den Wind aus den Segeln zu nehmen. Vor den Augen der Jünger ist Petrus Jesus auf dem Wasser entgegengewandelt, verliert jedoch wegen seiner Kleingläubigkeit den Halt und wird von Christus vor dem Ertrinken gerettet. Der Künstler verbindet die biblische Darstellung mit allegorischen, seit der Spätantike tradierten Bildformeln, die er in die Schilderung der Szene einfügt, wie beispielsweise einen Angler, Symbol für den Missionsauftrag Christi an die Kirche, und das himmlische Jerusalem, in dessen Mauern die Gläubigen als lebendige Steine einbezogen sind. Christus wird als Fundament, Eckstein und Tor dieser Stadt verstanden.

Zugleich erfolgt ein Verweis auf die Übergabe des Gesetzes durch die Schriftrolle in der Hand Christi (*Traditio legis*) als Bild des Neuen Bundes. Die vier halbfigurigen Wolkengestalten sind entweder als Propheten oder als die vier Evangelisten zu deuten. Die einbezogene Sonnensymbolik verweist auf Christus als wahre Sonne und ersetzte wohl ein älteres Salvatormosaik des 8. Jahrhunderts, vor dem die Pilger in Alt-St. Peter beim Verlassen der gewesteten Kirche auf die Knie gefallen sind. In dem Mosaik wird das biblische Geschehen als Allegorie des von den Stürmen der Zeit geschüttelten Schiffs der Kirche verstanden. Das Schicksal der Kirche ist unmittelbar mit der Rettung Petri verbunden. Dieses Mosaik deutet in mittelalterlichem Verständnis den Primat des Papstes: Weil Petrus, der erste der berufenen Apostel, als Stellvertreter Christi eingesetzt wurde, steht ihm als römischem Bischof und allen seinen Nachfolgern die Primatsgewalt zu. Gleichzeitig wird in dem Mosaik ein zweiter Anspruch verdeutlicht: Außerhalb der Kirche gibt es kein Heil. Das Schiff der Kirche ist trotz seiner Gefährdung der alleinige Ort der Sicherheit der Gläubigen auf dem Weg zum ewigen Leben.

Vor dem letzten rechten Mittelschiffspfeiler von Neu-St. Peter, dem Pfeiler des heiligen Longinus, erhebt sich die von den Pilgern hoch verehrte Bronzefigur des thronenden Petrus. Die Arnolfo di Cambio zugeschriebene Figur aus dem frühen 13. Jahrhundert zeigt den Apostelfürsten in Anlehnung an antike Vorbilder in feierlicher Erhabenheit und Strenge. Das von Antonio di Pietro Averlino, genannt Filarete (um 1400 – 1469), in den Jahren 1433 bis 1445 für Alt-St. Peter geschaffene Flügelportal wurde in die mittlere Portalöffnung von Neu-St. Peter übernommen. Die vier großen Bildfelder zeigen in der oberen Zone Christus und Maria, gefolgt von Petrus mit der vor ihm knienden Stifterfigur des Papstes Eugen IV. (1431 – 1447) und Paulus. Die quadratischen Bildfelder der unteren Zone sind mit den figurenreichen Darstellungen der Kreuzigung des Petrus und der Enthauptung des Paulus gefüllt. Die schmalen Reliefstreifen zwischen den Feldern schildern historische Begebenheiten während des Pontifikates von Eugen IV., die Krönung von Kaiser Siegmund sowie den Zug des Papstes mit dem Kaiser zur Engelsburg, die Reise des byzantinischen Herrschers Johannes VIII. Palaiologos von Konstantinopel 1438 nach Ferrara, das dortige Konzil mit der Verkündigung der Union durch Erzbischof Bessarion von Nicäa und Kardinal Julian Cesarini am 6. Juli 1439 in Florenz und seine Abreise aus Venedig. Die letzte Szene zeigt die Überreichung des Dekretes der Kirchenunion durch Papst Eugen selbst. Der byzantinische Kaiser war damals von den Türken stark bedrängt.

Um sich die Hilfe des Papstes gegen die Türken zu sichern, war er zu Unionsverhandlungen, selbst zur Unterwerfung unter Rom bereit. Die Hoffnung auf römischen Beistand erfüllte sich jedoch nicht. Die Union mit dem Westen stürzte Byzanz vielmehr in eine innere Krise und brachte das Kaiserreich um den Rest seines Ansehens. Die Randleisten schmücken Gestalten aus der griechischen und römischen Mythologie, aus den Fabeln Äsops und Kaisermedaillons. Die Arbeiten Filaretes erweisen sich den zeitgleichen Bronzebildwerken in Florenz gegen-über wegen ihrer Unsicherheit in der Bildfüllung und der Proportionierung der Gestalten als zweitrangig und belegen, dass sich die Päpste im Quattrocento selbst bei solch repräsentativen Aufträgen mit zweitrangigen Künstlern begnügen mussten.

Papst Eugen IV. gab für die ehemalige Nikolauskapelle in Alt-St. Peter 1432/33 bei Donatello (1386 – 1466) einen Sakramentstabernakel in Auftrag. Diese Marmorumrahmung geriet in der Sakristei von Neu-St. Peter in Vergessenheit, aus der sie erst im 19. Jahrhundert befreit wurde. Ein wenig erinnert sie an eilig entworfene und genial improvisierte Festdekorationen, verkörpert aber als frühes Beispiel den Typus des römischen Wandtabernakels mit Predella, Hauptgeschoss und Attika. Das flache Relief der Grablegung Christi in der von Engelsgestalten auf Wandpfeilern flankierten Attikazone betont in der Zartheit der Umrisse und zugleich in der strengen Bestimmtheit der schwerfaltigen Gewänder mehr die graphischen als die skulptierten Komponenten.

Cathedra Petri mit Baldachin von Bernini

Die Kuppel von St. Peter hat auf Tambourhöhe einen Durchmesser von 42,34 Metern, ihre maximale Höhe beträgt 136 Meter.

Berninis Entwurf für die Figur eines Kirchenvaters stammt aus der Zeit um 1660 und ist eine Vorstudie zur Bronzeskulptur des heiligen Augustinus an der Cathedra Petri.

Zwischenzeitlich war die Liturgiereform des Konzils von Trient erfolgt. Die Dekrete der Ritenkongregation sollten in großen Zeremonien angewendet werden. Den Domherren von St. Peter schien der Zentralraum dafür kaum geeignet zu sein, zumal die prachtvolle Liturgie unter großer Beteiligung des Volkes und im Beisein des Papstes gefeiert werden sollte. Deswegen wurde am 11. Oktober 1605 von Kardinal Evangelista Palotta die Ausführung des Erlasses Papst Pauls V. (1605 – 1621) angeordnet, nämlich den noch verbliebenen Rest der konstantinischen Basilika abzubrechen. Bis 1608 verschwand die 1479 errichtete Chorkapelle als letzter Teil von Alt-St. Peter. Bereits 1607 ging aus der Ausschreibung eines Wettbewerbes Carlo Maderno (1556 – 1629) als Sieger hervor. Er betrachtete die Verlängerung des Zentralbaus als Erweiterung der bereits bestehenden Architektur und berücksichtigte die Planungen Michelangelos. Zusätzlich errichtete er eine elegante zweigeschossige, mit ihren fünf in die Kirche führenden Türen dem Schema von Alt-St. Peter entsprechende Vorhalle mit der Benediktionsloggia. Der einheitliche Raumeindruck des Inneren mit sechs seitlichen Fenstern ist jedoch weniger das Verdienst Madernas, sondern beruht allein auf der von Gian Lorenzo Bernini (1598 – 1680) entworfenen Marmorinkrustation und den von Putten und Tauben getragenen Papstbildnissen auf den Mittelschiffspfeilern. Dadurch wurde die harmonische Verbindung zu dem Zentralbau möglich. Das Mittelschiff ist von den schmalen Seitenschiffen durch vier weit gespannte Arkaden getrennt. Die Seitenschiffsjoche werden jeweils von einer ovalen Kuppel mit Tambour und lichter Laterne überhöht. Die ersten beiden Joche öffnen sich in flache Nebenkapellen, dem dritten Joch wurde eine große Sakraments- bzw. Chorkapelle angegliedert. Die Seitenschiffe laufen im Langhaus auf die Pfeiler des Kuppelraums zu und werden, seitlich versetzt, als Umgang um die Pfeiler herum fortgeführt. Die ursprünglich projektierte Gestalt der Ostfassade mit sieben Jochen hat die Vedute des Petersdoms in einem Gemälde der Vatikanischen Bibliothek überliefert. Diese Fassade wurde um einen Verbindungsbau zum Krönungssaal mit den päpstlichen Gemächern an der rechten Seite erweitert. Zusätzlich wurde ein Obergeschoss über der Durchfahrt aufgeführt.

Aus Symmetriegründen erfolgte der gleiche Anbau gegenüber. So entstand der problematische Ostabschluss mit seiner viel zu breit angelegten Fassade. 1614 war diese Baumaßnahme vollendet. Eine monumentale Inschrift voller Pathos rühmt den Erbauer Paulus Burghesius Romanus und lässt ihm mehr Raum als dem in die Ecke gerückten Apostelfürsten Petrus. Die viel zu breit angelegte Fassade und ihr deswegen problematischer Ostabschluss benötigten aus Proportionsgründen einen vertikalen Ausgleich. Deswegen ließ Papst Paul V. am 2. September 1612 den Ausbau von Glockentürmen über den Durchfahrten anordnen. Mit dem Südturm wurde auch begonnen, doch musste das von Bernini in der Nachfolge von Maderna 1641 vollendete Bauwerk für baufällig erklärt und beseitigt werden. Dafür konzipierte Bernini im Auftrag Papst Alexanders VII. (1655 – 1667) die geniale Platzanlage vor St. Peter und bezog den 1586 aufgestellten Obelisken aus dem Zirkus des Nero ein. Säulengänge umfassen den Ovalplatz, der sich vor der Fassade über trapezförmigem Grundriss öffnet. Die Kolonnaden werden von 140 Heiligenstatuen gekrönt. So symbolisiert diese Architektur gleichsam die ausgebreiteten Arme der katholischen Kirche. Zwei Springbrunnen wurden hinzugefügt, einer von Maderna, der andere im ersten Viertel des 18. Jahrhunderts unter Papst Clemens XI. (1700 – 1721).

05 Zwischen Himmel und Erde

Die Innengestaltung von St. Peter durch Gian Lorenzo Bernini

Das Mittelschiff von St. Peter in einer Aufnahme von 1890

Das 46 Meter hohe und 27 Meter breite Mittelschiff von St. Peter wird von dem mächtigen erhöhten Papstaltar dominiert. Der Bronzebaldachin, ein Weihegeschenk von Papst Urban VIII. (1623 – 1644), mit seiner von vier Engeln getragenen Volutenkrone sollte nicht nur den Pilgern das Ziel ihrer Reise zum Grab des heiligen Petrus anzeigen, er sollte außerdem die Person des Apostelfürsten ehren und, wie das Papstwappen verdeutlicht, den Anspruch des Papstes als Nachfolger Petri und Lenker der Kirche unterstreichen. Die kolossalen, mit Weinranken bedeckten und gewundenen Säulen spielen auf das einst hier befindliche konstantinische Ziborium an, dessen Säulen in die Vierungspfeiler eingelassen sind. Dahinter stand die Absicht, den Pilgern ein in Form und Material echtes frühchristliches Monument aus Alt-St. Peter vor Augen zu führen und die Traditionslinie der Kirche auch durch den Neubau sichtbar werden zu lassen. Der Baldachin ist das Erstlingswerk Gian Lorenzo Berninis (1598 – 1680), das unter Mitarbeit von Francesco Borromini (1599 – 1667) zwischen 1624 und 1633 entstanden ist. Das Kupfer stammte teils von den Rippen der Kuppel, die damals mit Blei neu eingedeckt worden war, teils von der Bronzeverkleidung der Vorhalle des Pantheons. Am Abend des Festes von Peter und Paul weihte der Papst dieses Werk ein. Die formale Harmonie lässt den zur Monumentalarchitektur zählenden Baldachin trotz seiner 30 Meter Höhe überzeugend wirken. Bernini gestaltete auch die Vierungspfeiler, in denen die kostbarsten Reliquien von St. Peter verwahrt sind. Diese sollten symbolisch die Kuppel über dem Petrusgrab tragen helfen: das Schweißtuch der heiligen Veronika, ein Splitter von jenem Kreuz, das die heilige Helena aufgefunden hatte, und die Lanze des heiligen Longinus. Die vierte Reliquie, das Haupt des heiligen Andreas, war vom letzten Despoten und Bruder des byzantinischen Kaisers, Thomas Palaiologos aus Patras, auf seiner Flucht über Korfu nach Rom dem griechischsprachigen Kardinal Bessarion übergeben worden,

Grabdenkmal Papst Urbans VIII. (1623–1644) von Gian Lorenzo Bernini

Grabmal Papst Alexanders VII. (1655 – 1667) von Gian Lorenzo Bernini

der sie an Papst Pius II. (1458 – 1464) weitergab und in einer prunkvollen Prozession über die Via Flaminia in die Peterskirche geleitete. Während des Zweiten Vatikanischen Konzils am 26. September 1964 ließ Papst Paul VI. (1963 – 1978) die Kopfreliquie aus ökumenischen Gründen nach Patras zurückbringen. Damals fragten sich viele traditionelle Römer besorgt, ob jetzt die Kuppel von St. Peter einstürze, weil einer ihrer Pfeiler der schützenden Reliquie beraubt sei.

1627 hatte die *Congregatione di Reverendissima Fabrica di San Pietro* die Ausschmückung der Nischen in den Kuppelpfeilern mit Statuen und besonders prunkvollen Altären in Auftrag gegeben. 1629 konnten die Gipsmodelle der vier Statuen von Bernini (Longinus), Francesco Mochi (Veronika), Andrea Bolgi (Helena) und François Duquesnoy (Andreas) zur Probe aufgestellt werden. Zu den genialen Schöpfungen Berninis in St. Peter zählt die Statue des heiligen Longinus. Die Erschütterung des Hauptmannes unter dem Kreuz, als er erkannte, dass Jesus »Gottes Sohn« war, wird von Bernini als Gebärde höchster Hingabe gestaltet. Gleichzeitig verkörpert der Hauptmann ein Idealbild der altrömischen Männlichkeit. Im Antlitz verbinden sich Erleuchtung, das Erahnen des Weges zum Heil und Reue in ekstatischer Überhöhung. Im tief zerwühlten Faltenwerk des Gewandes wird die Erregung sinnlich greifbar.

In der Apsis erhebt sich der die gesamte Wand füllende bronzene und zum Teil vergoldete Altaraufbau der Cathedra Petri von Bernini als Kustodia eines karolingischen Stuhlreliquiars, das der damaligen Überlieferung zufolge jenen Holzstuhl verkörperte, auf dem Petrus gesessen haben soll. Papst Alexander VII. (1655 – 1667) erteilte Bernini 1657 den Auftrag zur Cathedra, 1666 war sie vollendet. Sie ist durch Voluten mit den Kolossalstatuen zweier abendländischer und zweier morgenländischer Kirchenväter verbunden: Ambrosius und Augustinus stehen für die westliche, lateinische Kirche, Athanasius und Johannes Chrysostomos dagegen für die östliche, orthodoxe Kirche. In kraftvoller Torsion mit vergoldeten winddurchwehten Gewändern modellierte Bernini ihre Gesichter und Hände aus schwarz patinierter Bronze. Die von der Tiara überhöhte Cathedra wird nicht von ihnen gestützt, sondern sie schwebt und verbindet so die irdische Welt der Kirche mit der Zone des Himmels und der Engelwelt. Die Engelschar auf den Wolken um das Fenster mit der aus böhmischem Glas gebildeten Geisttaube herum ist in Stuck modelliert. Cathedra Petri wie Altarziborium sind in ihrer Gestalt einmalig.

Für Papst Urban VIII. (1623 – 1644) entwickelte Bernini einen neuen Grabmaltypus, der grundlegend für die künftige Gestaltung der Papstgräber bis zu Canovas Grabmal für Papst Clemens XIII. (1758 – 1769) wurde. Für die Gestaltung des in den Jahren 1642 bis 1647 geschaffenen Grabmals verwendete er unterschiedliche

Gian Lorenzo Bernini

7. Dezember 1598: Bernini wird in Neapel geboren; ausgebildet wird er in der Bildhauerwerkstatt seines Vaters Pietro Bernini (1562–1629).

- Frühe Skulpturen: David, die Gruppen Pluto und Proserpina und Apollo und Daphne (Villa Borghese, Rom). Sie sind gekennzeichnet durch außergewöhnliche Dynamik, Bewegung, dramatische Licht-Schatten-Effekte und erregende Gebärden.
- 1624–1633: Sein wichtigster Förderer, Papst Urban VIII., betraut den jungen Bernini mit dem Bau des Baldachins über dem Petrusgrab im Petersdom.
- 1629: Palazzo Barberini in Rom
- 1646–1652: Die Verzückung der heiligen Theresa

Erwähnenswert an seinen architektonischen Arbeiten, die hier ihren Anfang nehmen, ist die Mischung aus Plastik und Architektur.

- 1647–1651: Vierströmebrunnen auf der Piazza Navona in Rom
- 1656–1666: Cathedra Petri
- 1656–1667: Unter Papst Alexander VII. schafft Bernini die Kolonnaden des Petersplatzes.
- 1658–1670: Bau der Kirche S. Andrea al Quirinale
- Bernini arbeitete im Laufe seines Lebens für acht Päpste und verließ Rom nur einmal, als der französische König Ludwig XIV. von ihm Pläne für den Neubau des Louvre (1665) wünschte.
- 1663–1666: Scala Regia im Vatikan
- 28. November 1680: Bernini stirbt in Rom.
- Begraben ist er in der Kirche S. Maria Maggiore.

Materialien. So sind die Tugendfiguren aus Marmor, die Sitzfigur des Papstes aus Bronze. Die mit gewaltiger Ausdruckskraft geschaffene Papstgestalt verharrt im Gestus der vollmächtigen Rede und symbolisiert so in seiner Person die Lehrgewalt der Kirche *ex cathedra*. Sie wurde ganz bewusst auch räumlich in die Nähe zur Cathedra gesetzt. Gerechtigkeit und Barmherzigkeit sind an diesem Grabmal keine bloßen allegorischen Tugendfiguren, sondern buchstäblich die »Säulen«, auf denen dieser Papst thront.

Zu einem Triumph über die Vergänglichkeit wird das aus dem Sarkophag emporsteigende Skelett des Todesengels, das den Namen des Papstes auf die Marmortafel schreibt und somit seine Memoria festhält. Formal hat sich Bernini

Selbstporträt von Gian Lorenzo Bernini

Detail von Michelangelos Pietà in der Peterskirche

06 Der Glaube von Jahrhunderten

Ein Rundgang durch die Kunst von St. Peter von Michelangelo bis Manzù

Die Pietà in der ersten Kapelle des rechten Seitenschiffs ist eine Plastik des 23-jährigen Michelangelo – und das einzige von ihm signierte Werk. Auf dem Band, das von der linken Schulter der Gottesmutter herabhängt, findet sich sein Name eingemeißelt. Michelangelo hatte den Auftrag von Kardinal Jean de Villiers de la Grollaye, dem Abt von St. Denis und Gesandten des französischen Königs Karl VIII., für die einstige Kapelle der heiligen Petronilla, die »Kapelle der französischen Könige« in Alt-St. Peter, erhalten. Der Künstler selbst versetzte sein Jugendwerk beim Abriss dieser Kapelle zunächst in die Chorkapelle von Papst Sixtus IV. (1471 – 1484). Seinen heutigen Platz nimmt das Werk erst seit 1749 ein. Michelangelo prägte den nördlich der Alpen entwickelten Typus des Vesperbildes in einer von antiken und humanistischen Vorstellungen geprägten Bildform neu. Das Vesperbild gehört ursprünglich zum Kreis der nach 1300 aufkommenden, nicht biblisch fundierten Andachtsbilder und verdankt seinen Namen dem Brauch, zur Todesstunde Christi, der Zeit des Vespergebetes, eine Andacht zu den fünf Wunden des auf dem Schoß seiner Mutter ruhenden toten Sohnes abzuhalten. Die Bezeichnung Pietà betont das Mitleiden angesichts des Mutterschmerzes über den toten Sohn. Michelangelo löst das Problem, das darin bestand, die horizontal hingestreckte Figur Christi mit der aufrechten Sitzfigur der trauernden Gottesmutter zu einer Gruppe zusammenzufassen, indem er den Leichnam Christi krümmt und ihn so dem Schoß der Mutter anpasst und zugleich beide Figuren annähernd in eine *Figura piramidale* einfügt. Die schwingenden Bogenlinien lassen die gegeneinander gesetzten plastischen Massen harmonisch miteinander verschmelzen. Der Saum des Mantels begleitet die Körperlinien. Gleichzeitig werden Gegensätze, wie der zwischen der glatten Nacktheit der erschlafften Glieder des toten Christus und der kleinteilig nervösen Knitterung des Faltenwurfs am Gewand seiner Mutter, zu wichtigen Ausdrucksträgern des Plastischen. Das Gesicht

Grabmal Papst Clemens' XIV. Skulptur, 1783/87, von Antonio Canova in der Basilica dei Santi Apostoli, Rom

CAVSA RVM
COGNI TIO
MO RALIS
NA

Raffael, »Die Philosophie«. Farblithographie nach dem Fresko in der Stanza della Segnatura

Papst Julius II. (1503 – 1513), Gemälde von Raffael

Von Pinturicchio stammt das Gemälde »Disputation der heiligen Katharina von Alexandrien vor Kaiser Maximinus«, 1492/94. Es befindet sich in der Sala dei Santi.

Ghibellinenzeit eingefügt ist. Doch dann entschied sich der Papst, den Wandelgang in ein Sommerhaus umgestalten zu lassen. Zwei Bögen wurden geschlossen, um zwei Zimmer zu gewinnen, ferner wurde eine kleine Kapelle mit gegenüberliegender Sakristei, die beim Bau des *Museo Pio-Clementino* im 18. Jahrhundert zerstört wurde, mit einbezogen.

Bernardo di Betto, genannt il Pinturicchio (1454 – 1513), hatte auf die Rückwand der Loggia Stadtlandschaften gemalt, darunter eine Ansicht des Belvedere, wovon sich kümmerliche Reste erhalten haben. In diesem Bau residierten übrigens im 16. Jahrhundert Bramante und Leonardo da Vinci, als sie in der Papstresidenz Aufträge angenommen hatten. Papst Alexander VI. (1492 – 1503) errichtete schließlich den nach ihm benannten *Torre Borgia*, der mit dem für Nikolaus V. (1447 – 1455) errichteten Palast im Verbund stand, und das *Appartamento Borgia*. Hier befanden sich unmittelbar unter den Stanzen Raffaels seine Privatgemächer, welche er 1492 bis 1494 von Pinturicchio mit Fresken ausmalen ließ: die *Sala dei Santi, Sala delle Science e delle Sette Arti Liberali, Sala delle Sibille* und *Sala del Credo e dei Profeti*. Heute beherbergen diese Gemächer die unter Papst Paul VI. (1963 – 1978) zugänglich gemachte Sammlung moderner religiöser Kunst.

Das ikonographische Bildprogramm der *Sala dei Santi* zeigt in den Lünetten den Disput der heiligen Katharina von Alexandrien vor Kaiser Maximinus. In den Zwickeln des Deckengewölbes sind Szenen aus den Mysterienkulten von Isis und Osiris dargestellt, vermutlich, weil der darin vorkommende Apisstier das Wappentier des Papstes war. Die Gurtbögen enthalten mythologische Szenen von Io und Argus, darunter die Darstellung, wie Merkur den Argus durch das Spiel auf der Hirtenflöte einschläfert. Das Arbeitszimmer des Papstes, *Sala delle Science e delle Sette Arti Liberali*, stellt in allegorischen Figurengruppen die unterschiedlichen Wissenschaften vor, beginnend mit dem Trivium von Grammatik, Dialektik und Rhetorik, gefolgt vom Quadrivium Geometrie, Arithmetik, Musik und Astronomie. In der *Sala del Credo* steht die Sonne im Zenit und strahlt auf die von je einem Propheten begleiteten zwölf Apostel in den Lünetten nieder, welche jeweils einen Artikel des Glaubensbekenntnisses verkörpern.

Licht, Farbe, Vision – der Genius Raffaels

08

Raffael, »Die Begegnung Leos I. mit Attila«, 1512/14. Fresko aus der Stanza di'Eliodoro

Die Erneuerung der Paläste unter Julius II.

Zu Beginn der Regierungszeit von Papst Julius II. (1503 – 1513) wurde der geniale Entschluss gefasst, das immer noch als Wein- und Ziergarten genutzte Gelände nach Plänen Bramantes mit terrassenförmig angelegten Korridoren zu versehen, die parallel zueinander verliefen und durch Treppen verbunden waren, so dass sich eine Art hochführender Laufgang zwischen päpstlicher Residenz und Sommerhaus ergab. Leider sind die Innenfassaden der Korridore nur durch eine in London befindliche Zeichnung bekannt. Die Außenseiten waren schmucklos und suggerierten Wehrhaftigkeit. Man sprach deswegen auch von der Belvederemauer.

Julius II. beauftragte Bramante ferner, die aus dem 13. Jahrhundert stammende Fassade der päpstlichen Residenz zu modernisieren. Bramante dehnte den vorhandenen Portikus im Erdgeschoss auf über 22 Meter aus und setzte eine Galerie von 13 mit Lisenen flankierten Bögen mit dorischer und ionischer Säulenordnung darüber. Außerdem gestaltete er den Zugang zum Belvederehof kurz vor dem Tod des Papstes 1513. Hier zeigt sich das Herrscherverständnis des Papstes besonders nachdrücklich. Durch die Verwendung der Rustika wird Stärke suggeriert; gerade die von Bramante verwendeten Keilblöcke gleichen den Fingern einer Riesenhand. Ähnlich hatten die Römer die Rundbogen des Kolosseums gemauert. Die höchste Macht des Amtsträgers sollte in der kraftvollen Architektur sichtbar werden. Die Fassade der der Stadt zugewandten Seite konnte Bramante nur noch beginnen. Die dreigeschossigen Loggien vollendete Raffael unter dem Pontifikat Leos X. (1513 – 1521). Den Glanzpunkt setzte Papst Julius II., indem er auf Anraten

Raffael, »La Disputà del Sacramento« (Triumph der Religion), Fresko der Stanza della Segnatura, 1508/11

*Raffael, »Die Schule von Athen«, 1510/11,
Fresko in der Stanza della Segnatura*

das Fronleichnamsfest einführen ließ. Besonders bemerkenswert ist, dass bei dem Hostienwunder nicht nur der Auftraggeber und zwei Kardinäle anwesend sind, sondern auch die Schweizergarde. Julius II. hatte sie 1505 zu seinem Schutz eingesetzt. Es folgt die Befreiung Petri aus dem Kerker mit dem im gleißenden Licht erscheinenden Engel. Die Szene der Begegnung Attilas mit Leo dem Großen auf der vierten Wand sollte die besondere Fürsorge Gottes zum Schutz der Stadt mit dem Sitz des Stellvertreters Christi unterstreichen. Julius II. wollte mit der Illustration dieser historischen Legende auf die Vertreibung der Franzosen aus Rom im Jahr 1512 und auf

Raffael, »Der Parnass«, 1508/11, Fresko in der Stanza della Segnatura

den damals ertönenden Schlachtruf »Weg mit den Barbaren« anspielen. Raffael hatte mit dem Fresko bereits begonnen, als Julius II. 1513 starb. Sein Nachfolger Leo X. (1513 – 1521) ließ an dem Fresko eine wesentliche Änderung vornehmen. Der aktive Part des Papstes wird zurückgenommen; die Verteidigung der Rechte der Kirche erfolgt durch die himmlischen Mächte, vornehmlich durch Petrus und Paulus mit gezückten Schwertern.

Die *Stanza dell'Incendio,* auch Stanza des Borgobrandes genannt, zeigt vier Episoden aus den Pontifikaten der zwei heiliggesprochenen Päpste Leo III. (795 – 816) und Leo IV. (847 – 855). In allen Bildern tragen sie die Gesichtszüge des Auftraggebers Leo X. Die Deckengemälde, Medaillons mit schwierig zu deutenden Allegorien der Heiligsten Dreifaltigkeit zwischen Grotesken, hat Perugino gemalt. Giorgio Vasari überliefert, Raffael habe diese aus Ehrfurcht und Dankbarkeit seinem Lehrer gegenüber in sein neues Ausmalungsprogramm übernommen.

Die Ausmalung erfolgte zwischen 1514 und 1517. Die Geschichte des Borgobrandes wird im *Liber Pontificalis* erzählt. Papst Leo IV. habe im Jahr 847 mit dem Zeichen des Kreuzes die von starkem Wind angefachten Flammen gelöscht, als die *Schola Langobardorum* bereits vom Feuer zerstört und die Säulenhalle eingestürzt war. Raffael zeigt dramatische Rettungsaktionen vor dem Feuer und lässt den Papst in einer Loggia der Fassade von Alt-St. Peter erscheinen. Die gesamte Komposition erschließt sich jedoch allein aus der Perspektive des Betrachters, der in das Geschehen von Untergang und Rettung einbezogen wird. Das Hauptbild des Raumes, die Krönung Karls des Großen durch Leo III., verwandelt Raffael zum Programmbild, weil er das historische Ereignis des Jahres 800 nun zum Vorbild für die Krönung des französischen Königs Franz I. durch Leo X. nimmt. Die Porträts des Papstes und des Königs sprechen dies unzweideutig aus, ebenso die Hineinnahme von Mitgliedern des päpstlichen Hofstaates in das vermeintliche Historienbild. Nicht überliefert ist, wie der Botschafter Kaiser Maximilians reagierte, wenn er dort zu einem offiziellen Essen eingeladen war. Der Raum wurde nämlich als Speisesaal (*tinello*) genutzt.

Nicht nur dieses Fresko beleuchtet die Tagespolitik. Der Reinigungseid von Papst Leo III. spielt auf das von Julius II. einberufene und von Leo X. fortgeführte Laterankonzil (1512 – 1517) an, zumal der in der elften Sitzung ausgesprochene Grundsatz »Dei non hominum est episcopos iudicare« (es ist Sache Gottes, nicht der Menschen, über Bischöfe zu richten) als Inschrift in das Fresko aufgenommen worden ist. Mit der Schlacht von Ostia gegen die Sarazenen im Jahr 849 wird ein Hinweis auf Auseinandersetzungen mit den Ungläubigen verbunden, ebenso wurden die Verteidigungswerke der Küsten Latiums dargestellt. Leo X. stand nämlich in heftigen militärischen Auseinandersetzungen mit algerischen Seeräubern, und seine von ihm fürsorglich errichteten Schutzwerke sollten durch dieses Gemälde hervorgehoben werden. Die beiden letzten Gemälde sind Arbeiten von Schülern Raffaels, die freilich für das Selbstverständnis des Papstes von großer Bedeutung sind. Raffaels Schüler Giulio Pippi, genannt Giulio Romano (um 1499 – 1546), und Giovanni Francesco Penni (um 1488 bis um 1528) malten zwischen 1520 und 1524 den an die Stanzen sich anschließenden Saal aus, der nach dem künstlerischen Programm *Sala di Costantino* genannt wird. Er ist größer dimensioniert als die Stanzen. Die Ausmalung erfolgte in der Art gemalter Teppiche; sie konnte erst unter dem Pontifikat Clemens' VII. (1523 – 1534) vollendet werden. Die später unter Gregor XIII. (1572 – 1585) hinzugefügten Gewölbe erdrücken den ursprünglich auf eine Kassettendecke abgestimmten Gemäldezyklus. Dargestellt sind die bekannten Szenen aus dem Leben Konstantins des Großen, wie Eusebius von Caesarea sie überliefert hat: Kreuzesvision, Schlacht an der Milvischen Brücke, Taufe Konstantins durch Papst Silvester, Konstantinische Schenkung. Man kann in diesen Malereien bereits erste Ansätze des beginnenden Manierismus erkennen, wenn man die rahmenden Nischenarchitekturen mit den Papstdarstellungen, besonders das Bild des thronenden Gregor I. (590 – 604) mit der Personifikation der *Eloquentia* (Beredsamkeit) von der Hand Giulio Romanos, heranzieht.

Unter den erwähnten dreigeschossigen Loggien der Rom zugewandten Fassade hat Raffael für das dritte Geschoss des Westflügels am Damasushof im Jahr 1517 mit den Entwürfen für die Ausschmückung der 13 Arkaden begonnen. Sie bilden einen ursprünglich offenen, 65 Meter langen Gang, in dem jedes Kompartiment in der flachen Kuppelwölbung vier kleine Fresken mit Szenen aus dem Alten Testament enthält. Vermutlich hat Papst Leo X. seinen Besuchern, die für eine Audienz oft eine lange Wartezeit in Kauf nehmen mussten, diese Bilderbibel zur Unterhaltung schaffen lassen. Insgesamt 52 Bilder umfasst der Zyklus, der von der Schöpfungsgeschichte und der Paradieserzählung über Noah, Abraham und Jakob bis zu Moses, David und Salomo reicht. Die Szenen sind in ein kompliziertes System gemalter Umrahmungen eingefügt. Inspirieren ließen sich die unter Raffaels Anleitung wirkenden Künstler, vor allem der Schöpfer der Stuckmedaillons, Giovanni da Udine, und die Maler Penni, genannt il Fattore, und Giulio Romano, von römischen Dekorationssystemen aus Stuck und Malerei der Antike, wie sie etwa in den unterirdischen Ruinen der Domus Aurea des Kaisers Nero existierten.

Die Loggien übten einen enormen Einfluss aus. Sogar die russische Zarin Katharina II. (1762 – 1796) ließ sich einen Gang anlegen, der sehr getreu die Dekorationen des römischen Vorbildes kopierte.

Michelangelo Buonarroti, »Das Jüngste Gericht«, 1536 – 1541. Mittelgruppe mit Christus als Weltenrichter

09 Schönheit als Abbild göttlicher Harmonie

Michelangelos Fresken in der Sixtinischen Kapelle

Die zwischen 1475 und 1480 erbaute, nach Papst Sixtus IV. benannte Kapelle liegt an der Südwestecke des Papstpalastes. Die Kapelle nimmt nur das Hauptgeschoss ein, im Zwischengeschoss befanden sich die Räume der päpstlichen Zeremonienmeister. Der Innenraum besteht aus einem von einem Tonnengewölbe mit Stichkappen gedeckten Saal. Überwältigt wird man von der prachtvollen Ausstattung.

Die Wände wurden mit Hilfe von gemalten Pilastern in Felder aufgeteilt und im Auftrag von Papst Sixtus IV. (1471 – 1484) von Alessandro di Mariano Filipepi, genannt Sandro Botticelli (1445 – 1510), Domenico Ghirlandaio (1449 – 1494), Cosimo Rosselli (1439 – 1507), Bernardino di Betto, genannt il Pinturicchio (1454 – 1513), Piero di Cosimo (1462 – 1521) und Luca Signorelli (1450 – 1523) unter Leitung von Pietro Vannucci, genannt il Perugino (um 1445 – 1523), mit Fresken ausgestattet. Ursprünglich waren zwei einander gegenüberliegende umfangreiche Zyklen aus dem Alten und Neuen Testament mit Szenen aus dem Leben des Moses und aus dem Leben Jesu vorgesehen. Moses wurde als Vorläufer Christi betrachtet. Der Papst als Auftraggeber wollte in den beiden Zyklen das Alte Testament unter dem Aspekt des Gesetzes und das Neue Testament unter dem der Gnade behandelt wissen. Insgesamt umfasst jeder Zyklus acht Bilder. Die Reise des Moses nach Ägypten wird in Beziehung zur Taufe Jesu gesetzt. Sandro Botticellis Reinigung des Aussätzigen spielt auf eine Schrift des späteren Papstes Sixtus IV. an (*De Sanguine Christi – Über das Blut Christi*), die von der reinigenden Wirkung des Blutes Christi handelt.

Michelangelo Buonarroti, Porträtbüste, 1564/66, von Daniele da Volterra

Michelangelo Buonarroti, »Die delphische Sibylle«, um 1509, Fresko der Sixtinischen Kapelle

Michelangelo Buonarroti, »Die cumäische Sibylle«, um 1509, Sixtinische Kapelle

Das Bild steht der Begegnung des Moses mit den Töchtern des Jitro gegenüber, unter denen Moses seine Gemahlin erwählen wird. Das Meisterwerk Botticellis besticht durch seine Eleganz, schließt aber auch eine nuancierte Betrachtung über die Vergänglichkeit der jugendlichen Schönheit mit ein. Der Berufung der Apostel am See Genezareth von Ghirlandaio steht der Durchzug der Israeliten durch das Rote Meer gegenüber. Rosselli malte die Bergpredigt, gegenüber die Übergabe der Gesetzestafeln an Moses und seine Ansprachen an das Volk Israel.

Charakteristisch für diese erste Ausmalung war Peruginos Bildfeld mit der Darstellung der Schlüsselübergabe an Petrus. Es enthält neben der idealisierten Architekturkulisse zweifach den Konstantinsbogen, während der in der Mitte liegende Zentralbau das Bild der unzerstörbaren Kirche symbolisiert. Zwei Nebenszenen sind in die Darstellung eingeflochten, die Schilderung des Zinsgroschens und der Versuch der Nazarener, Christus zu steinigen. Ihm ist die Bestrafung der Rotte Korah gegenübergestellt, deren Aufrührer Datan und Abiram die legitime, von Gott verliehene Autorität des Moses und Aaron bestreiten. Die Szenen haben die Aufgabe, die an den Nachfolger Petri verliehene Autorität und die Folgen des Ungehorsams ins Bild zu bringen. Testament und Tod des Moses als Darstellung des letzten Vermächtnisses korrespondieren mit der Darstellung des Abendmahls. Die beiden letzten Bil-

Michelangelo Buonarroti, »Noahs Trunkenheit«, Deckenfresko von 1508 in der Sixtinischen Kapelle

der »Auferstehung Jesu« und »Streit um den Leichnam des Moses« gingen beim Einsturz der Wand verloren und wurden durch mäßige Neuschöpfungen ersetzt.

Die ursprüngliche Gliederung der Westwand mit einem Altarfresko der Aufnahme Mariens in den Himmel von Perugino, flankiert von der Auffindung des Moses-knaben und der Geburt Christi als Anfänge der Langhauszyklen, wurde durch das monumentale Fresko Michelangelos vom Jüngsten Gericht ersetzt. Papst Julius II., ein Neffe von Sixtus IV., erwog zunächst die Ausmalung des Gewölbes und erteilte 1508 Michelangelo dafür den Auftrag. Zunächst waren nur zwölf Apostelgestalten vorgesehen. Michelangelo teilte die große Fläche durch aufgemalte Architektur in Sektoren auf, wodurch sich auch eine Abfolge der Kompartimente in Querrichtung ergibt. Michelangelo, der damals noch keine Erfahrung mit der Freskotechnik besaß, begann im Osten der Kapelle mit der Darstellung der Sintflut, vermutlich, um sich anhand kleinerer Figuren die notwendige Sicherheit zu verschaffen. Er malte auf dem Rücken liegend. Erst dann sollten die meisterlichen Darstellungen der Schöpfungsgeschichte folgen, wenn etwa die riesige Gestalt des Weltenschöpfers in kreisender Bewegung der Arme Licht und Finsternis scheidet und dabei von Michelangelo als bewegter Geist erfasst wurde, der nur in Umrissen eine Figur verkörpert, als ob der Schöpfer selbst erst

Michelangelo Buonarroti, »Sündenfall und Vertreibung aus dem Paradies«, 1509/10, Sixtinische Kapelle

»Apoll vom Belvedere«, römische Marmorkopie nach dem Bronzeoriginal von Leochares

nicht um ein Einzelschicksal, vielmehr wird die Tötung des Admirals durch vier engelgleiche Reiter apokalyptisch verklärt. Die dritte dem Ereignis gewidmete Szene zeigt die Darstellung »König Karl IX. billigt den Mord an Coligny«. Der französische König, der im Senat mit erhobenem Kreuz in die Tradition mittelalterlicher Glaubensverteidiger gestellt worden ist, nimmt die Rolle des *Gladium spirituale* ein: Er ist das (weltliche) Schwert der (geistlichen) Institution Kirche. Ähnlich wie Leo wählte auch Papst Gregor XIII. historische Taten von Vorgängern gleichen Namens als Vorbild für sein Handeln aus. So ließ er Vasari »Die Exkommunikation Kaiser Friedrichs II. durch Gregor IX.« malen. Das Bild zeigt seinen Namensvorgänger (1227 – 1241), wie er seinen Fuß auf den vor ihm liegenden überwundenen und gebannten Häretiker setzt, nachdem dieser einem päpstlichen Befehl zu einem Kreuzzug nicht nachgekommen ist. Der Papst wollte mit dieser krass geschichtsfälschenden Darstellung seinen Kampf gegen Häresie und Ungehorsam propagieren und zeigen, dass er selbst vor der Bestrafung gekrönter Häupter nicht zurückschrecke. (Hätte der Papst nur die Verherrlichung des Papstnamens Gregor gewollt, hätte es weniger martialische Möglichkeiten zur Darstellung gegeben, denn jener Gregor IX. ist ja in den Stanzen

Blick von der Kuppel des Petersdoms nach Nordwesten über die Vatikanischen Gärten

lichen Vorsehung und den päpstlichen Stuhl als Heilmittel gegen Kirchenspaltungen. Dezidiert gegenreformatorisches Gedankengut manifestiert sich in diesem Bild. Seine Botschaft muss als Auftrag zur Erneuerung des Kampfes gegen Häresie und Schisma verstanden werden. Die heilige Stadt Rom soll als ewiges Haupt der Welt und als Erbe des römischen Imperiums gelten. Vergangenheit und Gegenwart fließen in diesem Bild zusammen und vermischen sich zu einem Sinnbild dafür, wie sich die römische Kirche nach dem Konzil von Trient (1545 – 1563) verstand. Gregor XIII. (1572 – 1585) und Sixtus V. (1585 – 1590) ließen außerdem die Loggien um einen Flügel erweitern. Auf diese Weise entstand der Cortile di S. Damaso, der Damasushof.

Unter Gregor XIII. wurde durch Ottaviano Mascarino (1524 – 1606) auch der helle Wandelgang der *Galleria delle Carte Geografiche* errichtet. Der berühmte Kosmograph Ignazio Danti entwarf die auf die Wände gemalten Landkarten aller Regionen Italiens und des Kirchenstaates. Italien sollte als »vornehmstes Gebiet des Erdkreises und Ort der gottgefälligen Taten heiliger Menschen« dargestellt werden in Verbindung mit den Gegenden, in denen sie sich zugetragen haben. Die gottgefälligen Taten sind kirchengeschichtliche Ereignisse wie die Kreuzesvision und der Marschalldienst Kaiser Konstantins, der die Zügel des Pferdes von Papst Silvester angesichts der Konstantinischen Schenkung hält, gefolgt von der Taufe Konstantins. Am Gewölberand über dem Fenster ist das Turiner Leichentuch dargestellt, sein Pendant ist die Überführung der Asche Johannes des Täufers nach Genua.

Reliquiendarstellungen beziehen sich auf die Landkarten der Provinzen Pandemonium et Monsferratus. Dazu kommen monochrom gehaltene alttestamentliche Szenen wie das Opfer von Kain und Abel sowie ein Dankopfer Adams. Die Personifikation der Heiligen Erwählung gibt so den Leitgedanken vor, unter dem die einzelnen Szenen zusammengestellt wurden. Auch dies soll den weltlichen Machtanspruch des Papstes untermauern. Wie wir sehen, zwingt das ausgefeilte Dekorationssystem zur Kleinteiligkeit mit einer Vielzahl starrer Rahmen, worunter die Qualität der Dekorationen sichtlich leidet. Doch verbirgt sich dahinter die Absicht, das Dekret der 25. Sitzung des Trienter Konzils zu verwirklichen, wonach die Kunst im Dienst der christlichen Heilslehre und der *Imitatio Christi* und seiner Heiligen zu stehen habe. Entsprechend werden Bilder, die den geistlichen und weltlichen Führungsanspruch des Papstes untermauern, durch Darstellungen von Schenkungen an die Kirche ergänzt, etwa durch »Mathilde bringt der Kirche viele Güter«. Gemeint ist die Markgräfin von Tuszien, die 1077/80 verschiedene Ländereien Papst Gregor VII. (1073 – 1085) geschenkt hatte. Dies führte zu einer Ausdeutung des Themas der Gaben, angefangen von Abraham und Melchisedech über die Huldigung der Drei Könige vor Christus bis zur Verehrung der eucharistischen Gaben. Auch dieser Aspekt ist eine treue Verwirklichung der Beschlüsse des Trienter Konzils, das gerade auf diesen typologischen Zusammenhang hingewiesen hatte.

Gute Werke sind demnach wie der Zehnt Antwort auf den im Messopfer sich auswirkenden Segen. Der Missionsbefehl an Petrus durch Christus wird in diesem Deckenprogramm mit der himmlischen Speisung der Dominikaner verbunden, weil sie sich als treue Diener der Kirche erwiesen haben. Ausgewählte Wunder für die Bewohner Italiens bzw. gegen deren Feinde gipfeln im Handeln Petri bei der Überwindung der Betrügereien des Magiers Simon nach Kapitel 8 der Apostelgeschichte. Dabei wird auf den Auftrag der Bekehrung der Heiden und auf die Hilfe Gottes hingewiesen, die Petrus zuteil geworden ist. Die Kirche der Heiligen wird unter den verschiedenen Aspekten der aufgezeigten Wunder illustriert, etwa in der Löschung des Klosterbrandes in Paola/Kalabrien auf Fürbitte des heiligen Franz von Paula. Gezeigt wird die legendäre Szene, wie er unversehrt einem brennenden Kalkofen entsteigt. Franz von Paulas aufrichtige Gottesliebe und Glaubensstärke wird durch zwei Figuren des Alten Testaments untermauert: durch Samuel und seine Mutter, die als Präfiguration Mariens geltende Hanna. Die Einzelbeispiele haben alle den Zweck, den kirchenhistorischen Szenen an der Decke die entsprechende Deutung zu verleihen. Ziel des komplexen und komplizierten Programms bleibt die Herausstellung des Grundsatzes, dass die Wahrheit allein in der Kirche zu finden ist. Die Auswahl der von vielen künstlerischen Händen, wie etwa dem in Rom lebenden Niederländer Paul Bril (1554 – 1626), gestalteten Szenen verlangt viel Spitzfindigkeit bei der Deutung und hat sich deswegen auch kaum für den Betrachter erhellen und nachvollziehen lassen.

Unter Papst Sixtus V. (1585 – 1590), dem letzten großen Baupapst, entstand durch Domenico Fontana (1543 – 1607) die Bibliothek. Er erweiterte den Bestand der vorhandenen 2500 Bücher um weitere 100 Exemplare. Der zweischiffige *Salone Sistino*, der ehemalige Lesesaal, wurde von zahlreichen Künstlern ausgemalt. Die Wände zeigen, vom ursprünglichen Zugang aus betrachtet, Geschichten, die sich um das Thema Buch drehen: Moses übergibt das Gesetzbuch an die Leviten, was zugleich Hinweis auf die Bestände der *Biblioteca Hebraica* ist. Esra beschäftigt sich mit Vorbereitungen einer Verfassung. Daniel studiert die babylonischen Schriften und Sprache der Chaldäer, Peisistratos gründet die Palastbibliothek in Athen und veranlasst die Textredaktion der Homerischen Epen. Anschließend nimmt Ptolemaios die ins Griechische übertragene Bibel, die *Septuaginta*, für die Bibliothek von Alexandria entgegen. Dann ein

Die »Laokoon-Gruppe«, 1. Jahrhundert v. Chr.

Sprung ins 3. Jahrhundert n. Chr.: Es wird die Rettung der Biblio-thek von Jerusalem durch Bischof Alexander gezeigt. In Cäsarea kopiert Pamphilus heilige Schriften. Endlich befiehlt der Apostel Petrus, den Bücherschatz der Kirche zu pflegen, was sein Nachfolger Sixtus V. auch treulich getan hat. Die Reihe der Bücher beginnt bei Moses und bei Homer. Die Darstellungen der wichtigsten Konzilien werden ergänzt von in den Lünetten dargestellten Episoden aus dem Pontifikat Sixtus' V.

Als Clemens VIII. (1592 – 1605) den päpstlichen Thron bestieg, beauftragte er an Stelle von Domenico Fontana, der Rom verließ, Fra Giovanni und Taddeo Landini (1550 – 1596) mit der Vollendung des Vatikanischen Palastes. Hauptwerk dieser Vollendung war die Einfügung der *Sala Clementina*, die dadurch entstand, dass die Decke zwischen dem zweiten und dritten Stockwerk entfernt wurde. Der Raum diente als Vestibül des päpstlichen Wohnpalastes. Die Größe der Aufgabe zeitigte den Durchbruch zum römischen Barock. An der Dekoration hatten die Gebrüder Cherubino (1553 – 1615) und Giovanni Alberti (1558 – 1601) maßgeblichen Anteil. Kurz vor Weihnachten 1595 genehmigte der Papst ihren Entwurf, mit dem sie den Namenspatron des Papstes, den heiligen Clemens I. (90 – 99), mit Szenen aus seiner Legende verherrlichten. 1598 war der Saal vollendet. Taufe und Martyrium des heiligen Clemens sowie seine Aufnahme in den Himmel werden in Beziehung gesetzt zum Wirken von Papst Clemens VIII. Die Seelandschaft mit dem Boot, aus dem der Leichnam des Märtyrers ins Meer gestürzt wird, wurde Paul Bril anvertraut. Der Niederländer galt als Spezialist für derartige Kompositionen. Hier baut sich pathetisch und effektvoll, auch mit den Mitteln illusionistischer Perspektivmalerei, ein Hymnus auf die im Leiden triumphierende Kirche auf.

Für die Baugeschichte des Vatikans hat nach längerer Unterbrechung das Pontifikat Alexanders VII. (1655 – 1667) Bedeutung. Die Kolonnaden Berninis sind die bedeutendste Schöpfung seiner Amtszeit. Hinzu kommt der Auftrag an Bernini, die 1665 vollendete *Scala Regia* zu errichten. Bernini nannte sie selbst seine schwierigste Arbeit. Im Auftrag des Papstes sollte an Stelle der von Sangallo gebauten Treppe zwischen der *Sala Regia* und der Peterskirche eine hellere, breitere und damit repräsentativere Treppenanlage errichtet werden. Da bei der ersten Rampe kein Raum zur Verfügung stand, musste Bernini die Frage der Lichtführung mit schlichter Eleganz lösen: An jeder Wand wechseln sechs Pfeilerpaare mit gerahmten Füllungen. Über dem Gesims liegt ein Stuckgewölbe mit Lichtschächten. An der zweiten Rampe bestanden mehr Entfaltungsmöglichkeiten. Bernini hatte das ästhetische und zugleich technische Problem zu bewältigen, dass er das Gewölbe nicht im Maßstab der Breitenausdehnung harmonisch erhöhen konnte, weil er den Fußboden nicht überlasten durfte.

Der Einfall, die Treppe mit einem Säulengang auszustatten, der auf Architraven ein Tonnengewölbe trägt und so optisch verkürzt und erniedrigt, was sich in Wirklichkeit viel ausgreifender hinzieht, zählt zu den genialen Ideen dieses Architekten. So entsteht durch die fortschreitende Verringerung der Gewölbehöhe, der Säulen und der Säulendurchmesser, eine Theater- oder Bühnenperspektive, die die Treppe kürzer macht, als sie in Wirklichkeit ist.

Alexander VII. ließ Bernini außerdem die *Sala Ducale* aus zwei Räumen vereinigen, indem er die eigentlich unschöne Verbindung durch eine Stuckdraperie mit dem Papstwappen verbarg.

Nach dem Tod Alexanders VII. ruhte die Bautätigkeit im Vatikan bis zum Pontifikat Clemens' XIV. (1769 – 1774), der mit dem *Museo Pio Clementino* einen der damals modernsten Museumskomplexe schuf. An seiner Stelle befand sich zuvor ein Innenhof des *Palazzetto del Belvedere*, in dem Papst Julius II. (1503 – 1513) seine berühmte Skulpturensammlung mit der Laokoon-Gruppe und dem *Apoll vom Belvedere* untergebracht hatte. Nach dem Erwerb der Privatsammlung Fusconi-Mattei 1770 wuchs der Raumbedarf. Architekt Alessandro Dori der Ältere (tätig um 1750 – 1775) richtete Sammlungsräume in der Galerie des Belvedere ein, indem er zwei Trennmauern des 15. Jahrhunderts entfernte und den Oktogonhof anlegte. 1771 ließ Clemens XIV. die einst offene Loggia im Palazzetto von Papst Innozenz VI. (1352 – 1362) zu einer Statuengalerie für Meisterwerke der römischen Bildhauerkunst umbauen. Es blieb Papst Pius VI. (1775 – 1799) vorbehalten, die Museumsidee zu vollenden. Da die vorhandenen Räume bei weitem nicht ausreichten, beauftragte der Papst Michelangelo Simonetti (1724 – 1781) und nach dessen Tod Giuseppe Camporese (1763 – 1822). Die beiden Römer standen ganz unter dem Einfluss der theoretischen Schriften Winckelmanns und entwarfen die Architektur in neoklassischen Formen. Archäologen wie Gaspare Sibilla oder Giovanni Battista Visconti hatten dem Papst diese Architekten nachdrücklich empfohlen. Man riss die Mantegnakapelle ab und schuf einen um zehn Meter verlängerten Trakt für die Skulpturengalerie, der mit der gewölbten *Sala degli Animali* verbunden wurde.

Die *Sala delle Muse* entstand über oktogonalem Grundriss, während die *Sala Rotonda*, wie der Name sagt, eine Nachbildung des Pantheons wurde. Hinter der Rotonda folgt im scharfen rechten Winkel nach Süden die *Sala a Croce Greca*. Mit dem Namen Simonettis ist die 1780 bis 1788 errichtete Treppenanlage verbunden, deren äußerst elegante Konstruktion mit zwei seitlichen, im

Gegensinn geführten Rampen vom Stockwerk der *Sala a Croce Greca* zur *Galleria dei Candelabri* führt. Die ehemals offene Loggia ließ Pius VI. durch Simonetti schließen und in sechs Abteilungen gliedern. Das ägyptisierende Eingangsportal zur *Sala Rotonda* und zur *Galleria dei Candelabri* schuf Giuseppe Camporese (1763 – 1822). Der ebenfalls von ihm errichtete Hauptzugang wurde leider 1933 durch einen unpassenden Einbau in einer Stilnachahmung des 15. Jahrhunderts verändert.

Unter Pius VII. (1800 – 1823) entstand für die Vatikanischen Sammlungen das Gebäude des *Braccio Nuovo*. Der Museumsneubau wurde 1805/06 von Raffaele Stern (1774 – 1820) und, bedingt durch die politischen Ereignisse, die das Pontifikat Pius' VII. überschatteten, erst wieder 1816 bis 1822 von Stern und Pasquale Belli (1752 – 1833) ausgeführt. 28 klassizistische Reliefs über den Statuennischen von Massimiliano Laboureur (1739 – 1812) und der Fußboden mit den eingelassenen antiken Mosaiken betonen die nüchterne Strenge dieses Bauwerks. Erstmals rechtfertigt allein die Funktion die Gestalt der Architektur innerhalb des Vatikans. Die Figurensammlung konnte hier in so günstigem Licht aufgestellt werden, wie es heute eine Selbstverständlichkeit ist. Damals aber galt es als ungewöhnlich, dem Kunstwerk als Solitär solche Aufmerksamkeit zukommen zu lassen.

Johannes XXIII. (1958 – 1963) ließ durch die Gebrüder Passarelli parallel zur Pinakothek das moderne Gebäude errichten, in dem die drei Sammlungen des Lateranpalastes untergebracht sind, das christliche und das profane Museum, ferner das Völkerkundliche Missionsmuseum. Der Bau isoliert durch den Materialkontrast mit seiner auf das Technische sich beschränkenden Museumseinrichtung die einzelnen Kunstwerke. Paul VI. weihte das Gebäude 1971 ein. Daneben entstand das Museum für moderne religiöse Kunst. Eröffnet wurde es 1973.

Als jüngstes Bauwerk im Vatikan gilt die Audienzhalle des Architekten Pier Luigi Nervi (1891 – 1979), die unter Paul VI. (1963 – 1978) zwischen 1964 und 1971 erbaut wurde. Die große, zum Teil unter dem Bodenniveau liegende Halle mit dem wellenförmig schwingenden Dach beeinträchtigt die im Laufe der Jahrhunderte ohne vorliegenden Gesamtplan gewachsenen Paläste des Vatikans nicht. Ein ovaler Okulus gliedert die Wandfläche. Der Saal fasst ungefähr 12000 Menschen. Die persönliche Handschrift des Architekten zeigt sich in der eigenwilligen Kassettierung der Decke, deren strahlenförmig auf ein Kreissegment zulaufende, bogenförmige Rippen eine höchst lebendige Felderung ergeben. Hinter dem Papstthron erhebt sich die Figur des Auferstandenen von Pericle Fazzini.

Die weitläufigen Gartenanlagen innerhalb der Vatikanischen Mauern werden durch Grotten und zahlreiche Brunnen aufgelockert. Auf einem Hügel neben der Kapelle S. Stefano dient ein groteskes Meeresungeheuer als Wasserspeier. Im großen Garten vor dem Turm Nikolaus' V. (1447 – 1455) steht der originelle Puttenbrunnen. Der Galeerenbrunnen wurde unter dem Pontifikat Pauls V. um 1620 nach einem Entwurf von Carlo Maderno (1556 – 1629) errichtet. Im Becken schwimmt eine zierliche, mit Kanonen bestückte Galeere aus Blei, die der in Italien lebende Niederländer Jan van Santen, genannt Vasanzio († 1629), ein Spezialist für Gartenarchitekturen und Landsitze, entworfen hat. Das *Villino*, eine Loggia und ein zweigeschossiges *Casino*, entstand im Auftrag von Papst Pius IV. (1559 – 1565) nach Plänen von Pirro Ligorio. Die beiden Gebäude werden durch einen ovalen Brunnenhof und zwei Torhallen zu einem malerischen Ensemble zusammengeschlossen. Den zierlichen Reliefschmuck der Außenwände der Villa schuf Rocco di Montefiascone. Als Vorlage verwandte er antike Reliefs und Skulpturen, so dass die in der Gartenbaukunst beliebten Antiquarien auch in der Wahl der Architekturform dem Zeitgeschmack, *all'antica* zu bauen, huldigen.

11 Zeugnisse göttlicher und menschlicher Schöpferkraft

Die doppelläufige Wendeltreppe der Vatikanischen Museen, die Scalone Elicoidale, wurde 1932 von Antonio Maraini erbaut.

Die Vatikanischen Museen und ihre Kunstsammlungen

Als man Papst Julius II. am 14. Januar 1506 berichtete, dass in einem Weingarten in der Nähe von S. Maria Maggiore sehr schöne Statuen gefunden worden waren, beauftragte er Giuliano da Sangallo (1445 – 1516), sich dorthin zu begeben. Zusammen mit Michelangelo Buonarroti und seinem elfjährigen Sohn Francesco, der die Episode später in seinen Erinnerungen schilderte, begab sich Sangallo zu der besagten Stelle, die sich auf dem Gebiet der antiken Thermen des Kaisers Trajan befand. Sangallo, so berichtet sein Sohn, habe sofort die Bedeutung des Fundes erkannt und gesagt: »Das ist der Laokoon, von dem Plinius berichtet.« Tatsächlich erwähnt Plinius der Ältere, dass diese Gruppe zur Ausstattung des Palastes des Kaisers Titus gehörte. Das sachkundige Urteil bewog den Papst, die Statue zu erwerben und am 14. Februar 1506 im Belvedere des Vatikans auszustellen. So war der Grundstock für die Vatikanischen Museen gelegt worden. Die in das Jahr 25 v. Chr. zu datierende Figurengruppe des Laokoon veranlasste Papst Julius, die Idee eines Gartens der Statuen aufzugreifen, die auf den römischen Dichter Virgilius Maro zurückgeht. Und so baute Bramante den Garten des Belvedere in einen Hof um, in dem der Papst seine persönliche Begegnung mit der Antike erleben konnte. Das Programm, mit Hilfe von Kunstwerken Althergebrachtes und Zeitgenössisches zu verbinden, neben Gotteserkenntnis auch das Studium der Wissenschaften und der schönen Künste für die Meisterung des menschlichen Lebens zu empfehlen, hat auch Leo X. (1513 – 1521) vertreten. Das museale Bewahren von Kunst hatte denselben Stellenwert wie die Neuschöpfung. So wie bei Michelangelo die Sibyllen neben den

Propheten sitzen und sich in manche Christusfiguren der Renaissance apollinische und herkulische Züge mischen. Sammeln, Bewahren und Anregen sind drei Zielsetzungen der Päpste durch die Jahrhunderte für den Umgang mit der bildenden Kunst. Beispielsweise wurden die Schöpfungen Antonio Canovas (1757–1821) von Zeitgenossen im 19. Jahrhundert wegen ihrer vornehmen Klassizität durchaus mit solchen des Phidias (um 500 bis um 432 v. Chr.) verglichen. Manche Enthusiasten sahen in dem Bildhauer, der das Bildnis von Papst Pius VII. (1800–1823) schuf, gar den neuen Phidias!

Die Vatikanischen Museen umfassen heute zehn Abteilungen und sind, wie Papst Johannes Paul II. bei der Eröffnung des neuen Eingangs am 7. Februar 2000 ausgeführt hat, »Ausdruck des erneuerten Willens der Kirche, einen Dialog mit der Menschheit im Zeichen der Kunst und der Kultur zu führen und das ihr von der Geschichte anvertraute Gut der Öffentlichkeit, die zu tausenden täglich in die Ausstellungssäle kommen, zur Verfügung zu stellen.« Diese Sammlungen sind Symbol für die Offenheit der Kirche zur Kultur und zu den Weltkulturen. Der Austausch bereichert den von der Kirche geführten Dialog. Anhand einzelner Beispiele soll dieser Dialog vorgestellt werden.

Im *Cortile Ottogono* des *Museo Pio-Clementino*, dem durch Michelangelo Simonetti 1773 eine Säulenhalle hinzugefügt wurde, befindet sich die erwähnte Laokoon-Gruppe, ein Werk der aus Rhodos stammenden Bildhauer Hesandros, Polydoros und Athenodoros. Zwei Schlangen umwinden den Apollonpriester und seine beiden Söhne. Vergeblich versucht Laokoon den Schlangenbiss in die Hüfte durch Aufbäumen abzuwenden. Ein Sohn bricht schmerzerfüllt zusammen, während der andere vergeblich seinem Verderben zu entrinnen sucht. Laokoon hatte die Trojaner vor dem Geschenk der Griechen, jenem hölzernen Pferd, gewarnt. Für die Römer hatte diese Gruppe deswegen besondere Bedeutung, weil einzig Aeneas dem Inferno von Troja entkommen war und als Ahnherr der römischen Kaiser firmierte.

Im gleichen Statuenhof steht die überlebensgroße Statue des Apoll vom Belvedere, dessen Untersuchung durch Anselm Feuerbach wissenschaftsgeschichtlich die Fachdisziplin der Archäologie hervorbrachte. Der Vater des Malers hat sie im Jahresbericht des Speyerer Gymnasiums 1828/29 veröffentlicht und damit den Grundstein zu seiner Berufung als Archäologe an die Universität Freiburg gelegt. Der Fundort war vermutlich die Umgebung der Kirche von S. Pietro in Vincoli. Der leichtfüßige Gott ist in schwebendem Schritt dargestellt. Sein Blick folgt seinem ausgestreckten Arm, der wohl einen Lorbeerzweig trug. Die kühne Wendung des Kopfes vermittelt das Hoheitsvolle des Antlitzes. Das griechische Vorbild, wohl eine Schöpfung des neben Praxiteles bedeutendsten Bildhauers des spätklassischen Athens, Leochares, dürfte aus Bronze gegossen worden sein, die römische Kopie verkörpert den Klassizismus der Epoche des Kaisers Hadrian um 130 n. Chr. Im Vestibulum zum *Cortile Ottogono* steht die Figur des Schabers des Lysipp, griechisch *Apoxymenos*. Die Statue wurde 1849 in Trastevere gefunden. Dargestellt ist ein Athlet, der sich nach seinem Sieg von Staub und Schmutz reinigt, indem er mit einem Schabeisen den Dreck abstreift. Erfasst ist von dem Bildhauer nicht der triumphierende Sieger, sondern der Zustand der völligen Verausgabung unmittelbar nach dem Kampf. Von Lysipp hat Plinius überliefert, dass er die Menschen bilden wollte, wie sie ihm im Augenblick erschienen. Auch dieses Original war aus Bronze und wurde um 320 v. Chr. geschaffen. Die römische Kopie entstand in der frühen Kaiserzeit.

Die Statue des Kaisers Augustus ist im *Braccio Nuovo* ausgestellt. Dort deckt ein kassettiertes Tonnengewölbe eine Halle nach antikem Vorbild. Die Statuen stehen regelmäßig in Nischen aufgereiht, dazwischen sind Büsten auf Säulenstümpfen aufgestellt. Über den Nischenbögen befinden sich Konsolen mit Büsten unterhalb eines Figurenfrieses. Die Mosaikfußböden stammen ursprünglich aus einer römischen Villa bei Tor Marancia an der Via Ardeatina. Die Kaiserstatue wurde 1863 in der Villa der Livia bei Prima Porta an der Via Flaminia ausgegraben. Der charakteristische Kopftypus lässt sogleich Kaiser Augustus erkennen. Er hält seine Rechte im Redegestus empor, während die andere Hand ein Zepter trägt. Der Panzer ist mit Reliefs belegt, die eine Episode aus dem Jahr 20 v. Chr. schildern: Ein Parther liefert einem römischen Legionär das Feldzeichen aus. Augustus selbst hat das Ereignis in seinem Rechenschaftsbericht erwähnt: »Die Parther habe ich gezwungen, mir die Beutestücke und die Zeichen dreier Heere zurückzugeben und die Freundschaft des römischen Volkes demütig zu empfangen.« An diesem Triumph nehmen *Caelus, Sol* und *Aurora* in den oberen Regionen und unten Tellus, Apollon und Diana teil. Die *Galleria delle Statue* war einst eine nach Norden offene Loggia im unteren Stockwerk der Sommervilla von Innozenz VIII. (1484–1487). 1771 wurde für das Museum Clementinum der östliche Saal als Statuengalerie eingerichtet, 1776 wurde er unter Pius VI. erweitert. Zwei Hauptwerke beherbergt dieser Raum, den *Apollon Sauroktonos*, also Apollon als Eidechsentöter, und die *Amazone Mattei*. Die Statue des knabenhaften Gottes Apollon wurde 1777 auf dem Palatin gefunden. Der Gott lehnt sich an einen Baum, an dessen Stamm eine Eidechse sich emporschlängelt. Apoll wartet auf den Moment, wo er das Tierchen mit einem Pfeil erlegen kann. Das Spielerische, die Konzentration und die Unbefangenheit hat der Athener Bildhauer Praxiteles im 4. Jahrhundert v. Chr. vollendet dargestellt. Die *Amazone Mattei* aus der gleichnamigen Sammlung, auch die verwundete Amazone genannt, ist eine Kopie nach Phidias, während der ursprünglich nicht zu dieser Figur gehörende Kopf wohl eher von einer Amazonenstatue des Polyklet stammen dürfte. Das junge Mädchen im kurzen, nur an einer Schulter befestigten *Chiton*, dem Reitergewand, trägt einen nur fragmentarisch erhaltenen Speer und ist auch durch die freie Brust als Angehörige des Sagenvolkes der Amazonen gekennzeichnet. Ihr linkes Bein weist eine Wunde am Oberschenkel auf. Möglicherweise kann die Statue auf Grund einer Notiz des Plinius mit einem Weihegeschenk an die Göttin Artemis in Ephesos in Verbindung gebracht werden.

Das *Gabinetto delle Maschere* liegt in einem turmartigen Vorsprung des Belvedere-Palazzetto und wurde von Papst Clemens XIV. (1769 – 1774) in sein Museum einbezogen, erhielt aber seine heutige Gestalt erst 1780 unter Pius VI. (1775 – 1799). Das Fußbodenmosaik mit den Maskendarstellungen aus der Villa Hadriana gab dem Raum seinen Namen. Die Deckengemälde von Domenico de Angelis behandeln das Thema Schönheit und Liebe mit Beispielen aus der antiken Mythologie. Entsprechend befindet sich in diesem Raum die berühmte Venus von Knidos, auch knidische Aphrodite genannt. Die römische Kopie nach der in der Antike als *opus nobile*, als Meisterwerk gefeierten Skulptur des Praxiteles zeigt die zum Bad entkleidete Venus, die gerade ihr faltenreiches Gewand auf einem Gefäß ablegt. Die Kopie vermag von dem ursprünglichen künstlerischen Rang weit entfernt sein, dennoch kündet sie von einem in der Antike glanzvollen Kunstwerk.

In der um 1780 von Simonetti erbauten *Sala a Croce Greca*, einem im Grundriss aus vier gleich langen Kreuzarmen gebildeten Raum, stellen zwei Porphyrsarkophage mit bewegter Geschichte den Hauptschmuck dar. Der vermutlich aus dem Mausoleum der heiligen Helena an der Torre di Pignatara stammende Sarkophag wurde 1154 als Sarkophag für Papst Anastasius IV. (1153 – 1154) zweitverwendet und deswegen in die Lateranbasilika überführt. 1788 wurde er durch Pius VI. in den Vatikan gebracht. Der ursprünglich in Ägypten bearbeitete Sarkophag zeigt Reiterkämpfe zwischen Römern und ihren Feinden sowie die Gefangennahme der Barbaren. Wegen des Programms wurde vermutet, dass der Auftraggeber Constantius Chlorus war, zumal das Kaiserporträt dessen Typus entspricht. Damit käme eine Datierung um 306 n. Chr. in Frage. Beigesetzt war darin aber wahrscheinlich die 329 verstorbene heilige Helena. Der Sarkophag ist in stark überarbeitetem und vor allem geglättetem Zustand. Im gleichen Raum ist der Sarkophag der Constantia mit einem Dekor von weinlesenden Putten aufgestellt.

Darstellung der »Aldobrandinischen Hochzeit«. Das Fresko stammt aus der Antike und wurde 1605 auf dem Esquilin gefunden.

Kunstwerke der Antike stehen im Mittelpunkt der Ausstellung der mit großer Kuppel ausgestatteten *Sala Rotonda.* Sie enthält unter anderem die wohl aus dem Hause Kaiser Neros stammende, im Durchmesser 13 Meter große Porphyrschale. In der *Sala delle Muse* wurden die 1774 in einer Villa bei Tivoli, die mit dem Namen des Brutus verbunden ist, aufgefundenen Hermenpfeiler mit Bildnissen aufgestellt.

Unter ihnen ist einer durch eine Inschrift mit »Pericles« bezeichnet und stellt wahrscheinlich eine Kopie vom Bildnis des Kresilas dar. Die Kunstwerke in der *Sala degli Animali* sind, von einer Figur des Meleager abgesehen, Restaurierungen des barocken Bildhauers Antonio Franzoni (1734 – 1818), so dass die seit 1782 bestehende Präsentation eher als barocke, denn als antike Ausstellung gilt. Römische Bildnisbüsten sind in der *Sala dei Busti* zusammengetragen. Mehr als Depot wirkt das *Museo Chiaramonti*, das den Familiennamen Pius' VII. trägt und von Antonio Canova 1807 mit etwa 1000 antiken Bildwerken bestückt wurde. Einzelne Pilaster untergliedern die Wände in 59 einander gegenüberliegende Abteilungen. Die *Galleria Lapidaria* beherbergt in einem langen Gang etwa 3000 antike Inschriften, die größte Sammlung ihrer Art. In der *Sala della Biga* ist das namengebende Zweigespann, die *Biga*, aufgestellt. Antik ist daran jedoch nur der Wagenkasten, der in der Kirche S. Marco als Bischofssitz verwendet worden war. 1788 wurde er von Antonio Franzoni als Biga hergerichtet.

Am Ende des Bibliotheksflügels liegen die von Papst Johannes XXIII. (1958 – 1963) neu eingerichteten Sammlungen des *Museo Pio Cristiano* und des *Museo Profano* mit den Beständen aus dem Lateranpalast. Vor allem die Sammlung zahlreicher frühchristlicher Sarkophage ragt heraus. Sie war 1854 im Lateranpalast eingerichtet worden, um die in Palästen und Villen der Stadt verstreuten und oft willkürlich zusammengesetzten Fragmente zu erhalten und einen weitgespannten Überblick über die Entwicklung der christlichen Ikonographie zu vermitteln. Unter den Rettungsszenen des Alten Testaments wurden auf den Sarkophagen unter anderem Paradiesszenen, Daniel in der Löwengrube, die drei Jünglinge im Feuerofen und die Rettung des Jona bevorzugt. Aus dem Neuen Testament finden wir zahlreiche Darstellungen von Wundern Jesu wie Auferweckungen, Krankenheilungen und Brotvermehrung, aber auch Szenen aus der Passion Christi. Dazu gehört die Darstellung des Hirten, der ein Schaf trägt, wobei es vom Kontext der Szenen abhängt, ob damit ein bukolischer Hirte oder Christus als guter Hirte gemeint ist. Auch die unterschiedlichen Sarkophagtypen, vom Friessarkophag über Stadttorsarkophage zum Baumsarkophag, können hier vergleichend betrachtet werden. Eines der berühmtesten Beispiele im *Museo Pio Cristiano* ist der so genannte Brüdersarkophag. Er zeigt im Mittelpunkt die Büsten zweier Männer in Tunika und Pallium, umgeben von einem reichen zweizonigen Reliefries. Er beginnt in der oberen Zone rechts von der Muschel mit Darstellungen des Opfers des Isaak samt einem zu dessen Füßen aufblickenden Widder, gefolgt von der Händewaschung des Pilatus. Links von der Muschel empfängt Moses die Gesetzestafeln aus der Hand Gottes, daran anschließend ist die Beauftragung Petri durch den jugendlichen und bartlos dargestellten Chris-tus geschildert, gefolgt von der Verleugnung Petri. An der Außenkante schließt der Fries mit der Erweckung des Lazarus, darunter ist das Wunder der Brotvermehrung dargestellt. Die untere Zone zeigt die Verhaftung Petri durch einen die Buchrolle konfiszierenden Soldaten, gefolgt von der Blindenheilung durch Christus. Auf der linken Seite erkennen wir Daniel in Orantenhaltung zwischen den Löwen sowie den Brot reichenden Propheten Habakuk. Es folgen die Szenen der Gefangennahme des Moses und das Quellwunder Petri.

Ursprünglich war dieser Sarkophag für ein Ehepaar bestimmt, doch wurden die Figuren für die dann tatsächlich bestatteten Brüder umgearbeitet. Das auffallend hohe Relief ist auf Grund von zum Teil drei hintereinanderliegenden Handlungsebenen, wegen der klassischen Ponderierung der Figuren mit Stand- und Spielbein und der sich dem Körperrhythmus anpassenden Gewandung äußerst qualitätvoll. Deichmann datiert den Sarkophag in das zweite Drittel des vierten Jahrhunderts.

An der Außenwand des Museums liegt der Saal der Aldobrandinischen Hochzeit. Das antike Fresko wurde 1605 auf dem Esquilin gefunden und anschließend in den Gärten des Kardinals Pietro Aldobrandini aufbewahrt. 1818 konnte Papst Pius VII. das Fresko erwerben, um das sich auch Napoleon als Zierde des Louvre bemüht hatte. Es zählt zu den besterhaltenen Malereien der späten Antike. Es entstand um Christi Geburt und schildert einen Ausschnitt aus einem Hochzeitszeremoniell. In einen weißen Mantel gehüllt sitzt die Braut auf einem breiten Lager, Venus spricht ihr Trost und Aufmunterung zu. Eine Gefährtin der Liebesgöttin gießt Öl aus einem Flakon in eine Muschel, während im Hintergrund die Brautmutter zusammen mit einem Knaben das Brautbad bereitet.

Die Gemäldesammlung der Vatikanischen Museen

Für die Gemäldesammlung der Vatikanischen Museen wurde das neue, von Luca Bertrami geplante Gebäude der Vatikanischen Pinakothek durch Papst Pius XI. (1922 – 1939) am 27. Oktober 1932 feierlich eingeweiht. Der Vatikan erfüllte so die Verpflichtung, die nach dem Wiener

Kongress zurückerhaltenen Bilder öffentlich zugänglich zu machen. Diese Gemälde waren von Frankreich 1797 auf der Grundlage des Vertrags von Tolentino aus Rom und dem Kirchenstaat entführt worden. Nachdem die 71 Werke zunächst im *Appartamento Borgia* in sehr ungünstigem Licht gezeigt worden waren, wechselten sie 1821 (und nach einer Zwischenlagerung im dritten Stockwerk der Loggien erneut 1857) in das *Appartamento* Gregors XII. (1406 – 1415). In der Folgezeit wurden sie an unterschiedlichen, zum Teil wenig angemessenen Orten gezeigt, so zum Beispiel 1908 im *Cortile del Belvedere* in den ehemaligen päpstlichen Stallungen. Nun können die Werke in 15 Sälen besichtigt werden. Auch hier kann wie bei den Antikensammlungen nur beispielhaft auf einige Exponate hingewiesen werden.

Im ersten Saal sind frühe Werke der byzantinischen Malerei, der sienesischen, umbrischen und toskanischen Schulen versammelt. Hier ragt ein monumentales Scheibenbild aus dem 11. Jahrhundert (vielleicht zwischen 1061 und 1071) mit der mehrzonigen Darstellung des Jüngsten Gerichts heraus. Die Maler bezeichnen sich als Nikolaus und Johannes, welche auch als Schöpfer der Fresken von Castel Sant' Elia in Nepi bekannt sind. Die Stifterinnen sind die sich als Magd Gottes bezeichnende Ordensschwester Benedicta und ihre Äbtissin Constantia. Einst gehörte die Tafel dem Benediktinerinnenkloster von Campo Marzio, wie die Inschrift bezeugt. Christus erscheint in der Sphaira auf dem Regenbogen thronend mit Kreuz und Globus in der Hand, von je zwei Engeln und Cherubim umgeben. In der zweiten Reihe wird die Apostelkommunion mit Christus im Orantengestus am Altar, flankiert von zwei Engeln, geschildert. In der dritten Zone verweilen die Seligen, von der fürbittenden Madonna und dem heiligen Diakon Stephanus angeführt und gefolgt von den Wegbegleitern ins Paradies, unter ihnen der gute Schächer Dismas mit dem Kreuz sowie Paulus mit der Schriftrolle. Rechts sind drei Werke der Barmherzigkeit dargestellt, nämlich die Bekleidung der Nackten, der Besuch der Gefangenen und die Speisung der Hungrigen. Die vierte Zone zeigt Erde und Wasser, die ihre Toten herausgeben müssen. Ganz rechts erwecken zwei Engel mit Trompeten die Toten aus den Gräbern. In der Predellazone sind das Paradies mit den Mauern des himmlischen Jerusalems und die Verdammnis nebeneinandergestellt. Die Gottesmutter empfängt im Paradies die beiden Stifterinnen der Tafel.

Auch ein Tafelbild aus dem 13. Jahrhundert von Margaritone aus Arezzo (1216 – 1293) ist von ikonographischer Bedeutung, weil es Franziskus von Assisi noch ohne Nimbus darstellt und somit vor dessen Heiligsprechung entstanden sein muss.

Im zweiten Saal steht das Triptychon, das Giotto di Bondone zwischen 1220 und 1230 für Kardinal Jacopo Caetani Stefaneschi vermutlich zusammen mit Schülern gemalt hat. Von Giotto selbst dürfte die Gestalt des thronenden Petrus auf der Rückseite der Mitteltafel stammen. Bestimmt war es für den Altar der Confessio in Alt-St. Peter. Der Kardinal kniet zu Füßen des Petrus und des thronenden Christus auf der Rückseite, flankiert von den Aposteln Jakobus und Paulus und den Evangelisten Markus und Johannes. Die linke Tafel zeigt die Kreuzigung Petri, die rechte das Martyrium des Apostels Paulus, der bei *Tre Fontane* enthauptet wurde. Auf der Predella ist die Gottesmutter zwischen Engeln und zehn Aposteln dargestellt. Das Triptychon vertritt die späte Stilstufe Giottos mit dem charakteristischen monumental gewordenen, plastisch aus der Farbe gebildeten Figurenstil, der die byzantinische Strenge bereits verloren hat.

Der dritte Saal ist unter anderem Fra Angelico (um 1400 – 1455) gewidmet. Er malte 1437 das Altarbild für die Nikolauskapelle der Kirche S. Domenico in Perugia. Die Darstellung zeigt eine Szene aus der Legende des Heiligen. Nikolaus bittet einen Getreidehändler, ihm für die in Hungersnot geratene Stadt 100 Scheffel Korn zu überlassen, und versichert ihm, dass er bei der Abrechnung keinen Gewichtsverlust seiner Ware feststellen werde. Für Fra Angelico sind die seltsam und bizarr gewordenen Felsen und die intensiv leuchtende, kontrastreiche Farbigkeit kennzeichnend.

Der vierte Saal ist Melozzo da Forli (1438 – 1494) vorbehalten. Er malte 1477 die Bibliothek am *Cortile dei Pappagalli* aus. Das Hauptbild ließ Papst Leo XIII. (1878 – 1903) durch Domenico Succi von der Wand abnehmen und auf Leinwand aufziehen. Dargestellt wurde das historische Ereignis der Bibliotheksgründung am 15. Juni 1475 mit der Ernennung des Bibliothekars Bartolomeo Platina. Er kniet vor Papst Sixtus IV. (1471 – 1484). Dem Papst zur Seite steht Kardinal Giuliano della Rovere, der spätere Papst Julius II. Auch die anderen Personen in dem Bild sind bekannt. Neben dem Papstthron steht der apostolische Protonotar Raffaello Riario, und hinter dem knienden Platina erkennt man Girolamo Riario und Giovanni della Rovere. Der Gestus des Bibliothekars fordert den Betrachter zum Lesen der Inschrift auf. Die Lichtführung des Bildes erinnert noch an Pierro della Francesca, während die Intensität des Kolorites eher an flämische Malerei gemahnt. Hier könnte Melozzo durch in Italien arbeitende Flamen tatsächlich Anregungen erfahren haben.

Im fünften Saal gehört die Tafel mit den Wundern des heiligen Vinzenz Ferrer von Francesco del Cossa (um 1436 – 1478) zu den bemerkenswertesten Arbeiten. Im sechsten Saal, auch Raum der Polyptychen genannt, ragen eine 1490 geschaffene Pietà und eine Madonna mit Kind aus dem Jahr 1482 von Carlo Crivelli (um 1430 bis um 1495) hervor. Vor allem gelingt es Crivelli, das dramatische Moment im Gesichtsausdruck darzustellen. Den

Raffael,
»Verklärung Christi«,
um 1520

cisco Goyas (1746 – 1828), der Schule von Pont Aven, Bildhauerarbeiten von Ernst Barlach (1870 – 1938) und Auguste Rodin (1840 – 1917) über Expressionisten wie Emil Nolde (1867 – 1956) bis zu Bildern italienischer Futuristen und Surrealisten wie Umberto Boccioni (1882 – 1916), Giorgio de Chirico (1888 – 1978) und Salvador Dalì (1904 – 1982).

Einige Beispiele seien herausgehoben: Von Salvador Dalì stammt die 1960 entstandene Verkündigung, die mit der tradierten Ikonographie spielt, den Engel mit weitem Ausfallschritt frontal in den Bildraum setzt, Lichter und Schatten seiner Gewandung korpuskelhaft nebeneinandersetzt und so eine kubisch nervös zerlegte und in Auflösung begriffene Gestalt mit dramatischem Gestus in den Bildraum setzt. Dagegen fügt sich bei der Gottesmutter durch Formzusammenballung die geschlossen wirkende Gestalt gesichtslos zusammen. Zwischen beiden Figuren im Vordergrund strahlt helles Licht auf, und ein mit beschwörendem Gestus erscheinender nackter männlicher Körper schwebt in den Raum. Dalì hat sich hier mit seiner von ihm als »paranoisch-kritisch« apostrophierten Methode in der Vermischung sexueller, historischer und religiöser Motive der Erforschung des Unbewussten und des Absurden gewidmet.

1951 schuf Henri Matisse (1869 – 1954) im Zusammenhang mit der Kapelle in Vance ein grünes Messgewand. Das Kreuz darauf wird zum flächigen Ornament und zum vereinfachten Bildzeichen. Für den Künstler dienen sie in der koloristischen Intensität als Sinnbild für das Vitale, Lebendige. Ganz anders erscheint in Alfred Manessiers (1911 – 1993) Saul aus dem Jahr 1977 die Farbe geradezu kraftvoll und explosiv. In der Farbenglut greift der Künstler ganz bewusst auf die mittelalterlichen Glasfenster zurück. Manessier illustriert kein biblisches Geschehen, sondern schafft ein Sinnbild für die biblische Aussage allein durch Farbe und Form. Das Christusbild setzt in der Malerei des 20. Jahrhunderts entweder eine Identifikation oder eine Konfrontation des Künstlers mit Christus voraus. Ludwig Gies (1887 – 1966) hat die iko-

Henri Matisse (1869 – 1954), »Casula«

nographischen Kennzeichen des Christusbildes, die sigmaförmige Stirnlocke, die elliptische Gesichtsform mit dem spitzen Bart, aus der Tradition übernommen, aber durch kubische Andeutungen wirkt das Gesicht seines Christus zerklüftet. Vor allem hat er der Figur das Kreuz an Stelle eines Auges ins Gesicht geschrieben und so das Antlitz gleichsam stigmatisiert. Das Haar der Christusfigur ist sowohl als Flamme als auch als Wunde zu deuten. Der mexikanische Künstler David Alfred Siqueiros (1896 – 1975) hat 1963 in sozial und politisch engagierter Weise einen verstümmelten Christus als Anwalt der armen und unterdrückten Proletarier geschaffen. Christus wird in seiner Verstümmelung zum übergreifenden Sinnbild für die gesamte leidende und geschundene Menschheit. Sein Landsmann Rufino Tamayo (1899 – 1991) dagegen integriert in dem Bild »Der Mensch und das Kreuz« ein leuchtendes Kreuzzeichen in die flächig aufgefasste menschliche Figur, die ihre Hände im Orantengestus zum Himmel erhoben hat. Das Kreuz versteht der Künstler nicht mehr unbedingt als Heilszeichen, sondern als allgemeines Symbol für Tod und Leben.

So kommt die Sammlungsgeschichte der Vatikanischen Museen zu keinem Abschluss, sondern sucht bis in die Gegenwart eine für jede Zeitepoche möglichst umfassend ausgerichtete Weltbeschreibung anhand der Kunstwerke. Diese lassen die Kirche teilnehmen an der Schöpferkraft des Menschen, die Ausdruck und Abbild der Schöpferkraft Gottes sein kann.

Georges Rouault (1871 – 1985), »Pax«, 1948

Blick vom Petersdom auf den Petersplatz

Glossar

Ablass Von der kirchlichen Autorität gewährter Erlass von Sündenstrafen. Der »Ablassgewinner« muss nach kirchlicher Lehre verschiedene Voraussetzungen erfüllen: er muss getauft sein, ihm darf keine Exkommunikation drohen, er muss die persönliche Absicht haben, den Ablass zu gewinnen, und er muss ein Ablasswerk verrichten. Missbräuche und Auswüchse beim Handel mit Ablässen (»Gnade gegen Bares«) waren zu Beginn des 16. Jahrhundert ein Auslöser der Reformation

Anathema Ausschluss aus der Gemeinschaft der Gläubigen (→ Exkommunikation) aufgrund einer schweren Schuld oder einer verurteilten Lehre (→ Häresie); das A. war in früheren Jahrhunderten meist von feierlichen Verwünschungen begleitet; in Konzilstexten, die die Lehre der Kirche festlegen, erscheint das A. oft in der Formulierung: »Anathema sit …« (Verdammt sei, wer behauptet …); → Kirchenbann

Credo (lat. »ich glaube«) Glaubensbekenntnis der christlichen Kirchen, wie es die »Ökumenischen → Konzilien« der ersten Jahrhunderte festlegten

Filioque (lat. »und vom Sohne«) Von den Ostkirchen verworfener Zusatz der Lateinischen Kirche zum Glaubensbekenntnis vom Anfang des 11. Jahrhunderts: »Wir glauben an den Heiligen Geist (…), der aus dem Vater und dem Sohn hervorgeht«

Gallikanismus Französisches Kirchensystem vom 15. bis zum 18. Jahrhundert, das die höchste kirchliche Autorität nicht in der Gewalt des Papstes, sondern in den Beschlüssen eines allgemeinen → Konzils sah (→ Konziliarismus); die französische Kirche beanspruchte weitgehende gesetzgeberische Unabhängigkeit vom Papst; → Jurisdiktionsprimat

Griechisches Kreuz Kreuz mit vier gleichlangen Armen, oft Grundriss christlicher Kirchen; siehe auch → Lateinisches Kreuz

Josephinismus Kirchenpolitik Kaiser Josephs II. von Österreich im 18. Jahrhundert, die zu einer starken Einschränkung kirchlicher Freiheit führte, zum Beispiel zur Aufhebung und Enteignung kontemplativer Klöster

Jurisdiktionsprimat Anspruch des Papstes auf alle Funktionen kirchlicher Hoheitsgewalt als Hirte und Gesetzgeber; diese Autorität erstreckt sich nach den Beschlüssen des Ersten Vatikanischen Konzils auf die gesamte Kirche sowie auf all ihre Angelegenheiten und gilt, ohne dass der Papst verpflichtet wäre, sich untergeordneter Instanzen zu bedienen; der J. ist nach katholischer Lehre eine »göttliche Vorgegebenheit« der Kirche; → Konzil

Häresie Ketzerei, eine Lehre, die dem kirchlichen Dogma widerspricht und deshalb als Irrlehre verurteilt wird

Kanon (griech. Richtschnur, Regel) Eine Rechtsvorschrift des katholischen Kirchenrecht oder aber die Einzelbestimmung eines allgemeinen → Konzils

Kirchenbann Schwere Kirchenstrafe, Ausschluss von Sündern und Häretikern aus der kirchlichen Gemeinschaft; eine Rechtsfolge ist zum Beispiel der Ausschluss vom Empfang (bei Geistlichen auch von der Spendung) der Sakramente; → Anathema

Konzil Eine Bischofsversammlung als nicht ständiges Organ der Kirche; ein »Ökumenisches Konzil« (zum Beispiel das Zweite Vatikanische Konzil) verkörpert die Gesamtkirche und ist daher mit der höchsten Gewalt über die ganze Kirche ausgestattet, sofern es vom Papst einberufen und geleitet wird und dieser seinen Beschlüssen zustimmt

Konziliarismus Die Auffassung, das »Ökumenische Konzil« sei in seiner Autorität nicht an die Zustimmung des Papstes gebunden, da es über dem Papst stehe; siehe auch → Gallikanismus und → Jurisdiktionsprimat

Lateinisches Kreuz Kreuz mit langem Standbalken, der im oberen Teil von einem kürzeren Querbalken gekreuzt wird; oft Grundriss christlicher Kirchen; → Griechisches Kreuz

Nepotismus (lat. nepos – Enkel, Neffe) Bevorzugung der eigenen Verwandten bei der Besetzung politischer oder kirchlicher Ämter oder bei der Verleihung von Würden (Vetternwirtschaft)

Nuntius (lat. Bote) Ständiger Vertreter des Papstes bei einem Staatsoberhaupt; er vertritt den Heiligen Stuhl diplomatisch im Rang eines Botschafters; der N. ist immer Doyen, das heißt Wortführer, des diplomatischen Korps

Pontifex (lat. Brückenbauer) Bezeichnung für einen katholischen Bischof; seit Leo I. (440 – 461) ist »Pontifex maximus« eine amtliche Bezeichnung des Papstes

Sacco di Roma (ital. Plünderung Roms) Die Vewüstung und Plünderung Roms durch spanische und deutsche Söldner Kaiser Karls V. 1527/28

Sarkophag (griech. Fleisch fressender Stein) Kunstvoller Sarg, der oft mit Inschriften, Skulpturen und Malereien geschmückt ist

Simonie Die Käuflichkeit eines geistlichen Gutes oder Amtes; S. macht den Rechtsakt ungültig und ist als kirchliches Delikt strafbar

Zweischwertertheorie Auslegung des Verhältnisses von kirchlicher und weltlicher Gewalt; die Z. des Mittelalters besagt aus päpstlicher Sicht, dass Gott beide »Schwerter« (Gewalten) dem Petrus verliehen hat; das geistliche »Schwert« behält Petrus (und in seiner Nachfolge der Papst) für sich, das weltliche leiht er dem Kaiser; nach kaiserlicher Ansicht jedoch wird das weltliche »Schwert« direkt von Gott dem Kaiser verliehen.

Die Zwei-Reiche-Lehre Martin Luthers will zum einen den Staat von kirchlicher Vormacht und zum anderen den Glauben von weltlichen Rücksichten freihalten. Sie unterscheidet daher zwischen »Gottes Reich zur Linken«, in dem der Kaiser durch Strafen regiert, und »Gottes Reich zur Rechten«, in dem Christus durch sein Wort und seine Gnade regiert.

Register

Literatur- und Bildnachweis

Literaturhinweise

Geschichte

Caspar, E.: Geschichte des Papsttums von den Anfängen bis zur Höhe der Weltherrschaft, 2 Bände, Tübingen 1930 – 1933

Denzler, G.: Das Papsttum. Geschichte und Gegenwart, 3. Aufl., München 2009

Denzler, G. (Hrsg.): Päpste und Papsttum, 42 Bände, Stuttgart 1971-2013

Duffy, E.: Die Päpste. Die große illustrierte Geschichte, München 1999

Greschat, M. (Hrsg.): Das Papsttum, 2 Bände, Stuttgart 1985

Haidacher, A.: Geschichte der Päpste in Bildern, Heidelberg 1965

Haller, J.: Das Papsttum. Idee und Wirklichkeit, 5 Bände, Tübingen 1950 – 1953

Kelly, J.N.D.: Reclams Lexikon der Päpste, Stuttgart 1988

Klausnitzer, W.: Der Primat des Bischofs von Rom. Entwicklung, Dogma, Ökumenische Zukunft, Freiburg i. Br. 2001

Levillain, P. (Hrsg.): Dictionnaire historique de la papauté, Paris 1994

Lill, Rudolf: Die Macht der Päpste, Kevelaer 2006

Lux in arcana. The Vatican Secret Archives reveals itself, Roma 2012

Melloni, A.: Das Konklave. Die Papstwahl in Geschichte und Gegenwart, Freiburg i.B. 2002

Nersinger, U.: Liturgien und Zeremonien am Päpstlichen Hof, 2 Bände, Bonn 2011

Papst Franziskus: Mein Leben, mein Weg. El Jesuita, Freiburg 2013

Pastor, L. von: Geschichte der Päpste seit dem Ausgang des Mittelalters, 16 Bände, Freiburg 1886 – 1933

Pesch, O.H.: Das Zweite Vatikanische Konzil. Vorgeschichte, Verlauf, Ergebnisse, Nachgeschichte, Würzburg 1993

Politi, M.: Benedikt. Krise eines Pontifikats, Berlin 2012

Riccardi, Andrea: Johannes Paul II., Würzburg 2012

Schmidlin, J.: Papstgeschichte der neuesten Zeit, 4 Bände, München 1933-1939

Schwaiger, G.: Papsttum und Päpste im 20. Jahrhundert, München 1999

Seppelt, F.X.: Geschichte der Päpste, 5 Bände, München 1931-1956

Kunst

Barock im Vatikan. Kunst und Kultur im Rom der Päpste, 2 Bände, Leipzig 1998 – 2005

Collins, M.: Der Vatikan. Geschichte, Kunst und Leben in der Heiligen Stadt, München 2009

Direzione dei Musei (Hrsg.): Führer der Vatikanischen Museen und der Vatikanstadt, München 2007

Masi, St.: Kunst und Geschichte, Rom und der Vatikan, Stuttgart 2011

Pietrangeli, C.: Die Gemälde des Vatikan, München 1996

Pomella, A. / Ciogli, P. / Gigling, K.: Die Vatikanischen Museen, München 2007

Rossi, F.: Michelangelo und Raffael im Vatikan. Fresken der sixtinischen Kapelle, der Stanzen und Loggien, Rom 2007

Satzinger, G. / Schütze, S. (Hrsg.): Sankt Peter in Rom 1506-2006. Beiträge der internationalen Tagung vom 22. – 25. Februar 2006 in Bonn, München 2008

Vecchi, P. de: Die Sixtinische Kapelle, München 2001

Bildnachweise

Archiv für Kunst und Geschichte: S. 7, 12, 17, 19, 29, 30, 32, 34, 35, 37, 39, 40, 43, 48, 50, 51, 52, 54, 58, 61, 62, 63 (rechts), 64, 69, 70, 73, 76, 77, 79, 89, 98, 100, 102, 104, 106, 109, 111, 113, 114, 116, 119, 120, 122, 124, 125, 126, 129, 130, 131, 135, 137, 138, 139, 140, 141, 142, 144, 145, 147, 148, 150, 151, 152, 153, 154, 155, 158, 159, 160, 162, 163, 164, 165, 166, 167, 168, 169, 174, 176, 179

dpa Picture-Alliance GmbH: S. 2, 10, 21, 27, 56, 75, 87, 94, 96, 97, 105, 171, 184, 191

Horst Schmeck: S. 53

International Publishing (verlagseigenes Archiv): S. 8, 9, 13 (rechts), 14, 15, 16, 18, 20, 24, 25, 26, 41, 44, 47, 49, 63 (links), 65, 67, 68, 84, 103, 107, 108, 121, 127, 128, 132, 136, 161

kna Katholische Nachrichten Agentur: S. 13 (links), 22, 23, 28, 33, 57, 77, 80, 81, 83, 85, 86, 87, 91, 92, 93, 97, 110, 183

Mario Terrisi: S. 74

Vatikanisches Museum: S. 181, 182